广东省新材料产业高质量发展研究

现状、问题及政策

GUANGDONGSHENG XINCAILIAO CHANYE
GAOZHILIANG FAZHAN YANJIU XIANZHUANG
WENTI JI ZHENGCE

赵昌平 张 鹏 著

·广州·

图书在版编目（CIP）数据

广东省新材料产业高质量发展研究：现状、问题及政策/赵昌平，张鹏著．—广州：华南理工大学出版社，2023.9
　ISBN 978 – 7 – 5623 – 7439 – 8

　Ⅰ．①广… Ⅱ．①赵… ②张 Ⅲ．①材料工业-产业发展-研究-广东 Ⅳ．①F426

中国国家版本馆 CIP 数据核字（2023）第 171436 号

广东省新材料产业高质量发展研究：现状、问题及政策
赵昌平　张　鹏　著

出 版 人：柯　宁
出版发行：华南理工大学出版社
　　　　　（广州五山华南理工大学17号楼　邮编：510640）
　　　　　http://hg.cb.scut.edu.cn　E-mail：scutc13@scut.edu.cn
　　　　　营销部电话：020 – 87113487　87111048（传真）
责任编辑：付爱萍
责任校对：盛美珍
印 刷 者：广州市人杰彩印厂
开　　本：787mm×960mm　1/16　印张：12.5　字数：204千
版　　次：2023年9月第1版
印　　次：2023年9月第1次
定　　价：58.00元

版权所有　盗版必究　印装差错　负责调换

前　言
PREFACE

材料是生产和生活的物质基础与载体。材料产业本身属于制造业，也是我国现代经济体系中支撑实体经济制造业发展的基础。作为制造业取得关键突破的基础，新材料是材料产业发展的引领与先导，是高新技术发展公认的载体与基石，是提升传统产业技术升级的关键，它具有引导性、基础性和战略性三个明显特征。新材料的发现、发明和应用推广与技术革命和产业变革密不可分。加快发展新材料产业，对推动技术创新，促进我国战略性新兴产业的形成与发展，带动传统产业和支柱产业的技术提升和产品的更新换代，支撑现代产业体系的建设，推进中国制造强国与广东制造强省建设，实现制造业高质量发展具有重要的战略意义。

本研究对新材料范围的界定体现在两个方面：一方面，包括新出现或正在发展中的具有优异性能和特殊功能的材料；另一方面，包括传统材料改进后性能得到明显提升或产生新功能的材料。与传统材料产业相比，新材料产业具有技术密集、研发资金投入量大、产品附加值高等特点。新材料技术已经渗透到国民经济、国防建设和社会生活的各个领域，对经济增长具有举足轻重的作用。

新材料产业是国家"十二五"时期重点发展的七大战略性新兴产业之一，也是"十三五"时期五大战略性新兴产业之一。2020年11月3日颁布的《中共中央关于制定国民经济和社会发展第十四个五年规划和二〇三五年远景目标的建议》明确提出，新材料产业是未来发展战略性新兴产业，也是"十四五"时期八大战略性新兴产业以及产业基础能力、现代产业体系新支柱建设重点产业。对于广东省而言，新材料产业既是广东"十二五"时期重点发展的七大战略性新兴产业之一,也是"十三五"时期重点发展的五大战略性新兴产业之一,还是"十四五"时期需要巩固提升的战略性支柱产业(先进材料)及战略性新兴产业(前沿新材料)。新材料产业对广东现代经济体系建设的核心支柱——高端制造业具有极大的带动与支撑作用:新材料与信息、生物、能源等高技术领域加速融合,为国防、航天航空、数字经济、生命健康和节能环保、新能源等战略性新兴产业的发展提供了强有力的物质基础支撑,对广东的先导、前沿产业(如新一代信息技术、智能制造与重大技术装备、生物医药、新能源与数字经济等)拓展技术发展边界,推进产业技术进步,加快实现高新技术产业创新,培育壮大新动能发挥了重要作用;与此同时,作为涵盖建筑材料、绿色钢铁、有色金属、化工材料、稀土材料等支撑广东经济发展的重要基础原材料,对建材、化工、钢铁、有色、轻纺等广东传统制造业的转型升级提供了有效的支撑,进而促进广东制造业从"制造"向"智造"转型。

"十二五"时期,广东的新材料产业初具规模,"十三五"时期已发展成为广东的支柱产业,"十四五"时期新材料产业被确定为战略性支柱产业、战略性新兴产业的重要组成部分,一直在促进与支撑着广东制造业的高质量发展,且已然形成了自己的发展模式与发展逻辑。随着单边主义的抬头,供应链全球重整,我国面临的"卡脖子"问题日益严重。广东制造业的发展模式与产业技术的进步模式亟需重塑,这对作为广东制造业上游产业的新材料产业的发展提出了挑战与要求。面对新形势下的发展诉求,下一阶段,广东首先要从顶层设计方面明确新材料产业在现代化经济体系建设中的地位变化,以及与其他战略性新兴产业的关系,论证广东新材料产业、新材料各细分产业门类的需要以及实际能够达到的发展高度,进而设定科学合理的发展目标,重塑产业发展模式与发展逻辑,推进新材料产业高质量发展;其次,广东要积极探索研究新材料产业发展的整体战略框架、战略思路、发展重点以及政策建议与战略任务,合理布局,精心组织,为加快推进新材料产业高质量发展再上新台阶提供决策支持。

前 言

本研究依据贯彻落实党的二十大"加快构建新发展格局，着力推动高质量发展""建设现代化产业体系"，粤港澳大湾区建设全球新材料发展高地以及"十四五"时期深入实施制造强国战略、促进制造业核心能力提升、壮大实体经济根基的目标要求，遵循"创新驱动，材料先行"的制造业升级规律，旨在挖掘新材料在支撑引领广东制造业高质量发展中的潜能，提高新材料产业对广东高端制造业的支撑引领作用，为广东制造业高质量发展提供参考。

著　者

2023 年 4 月

目 录
CONTENTS

第一章 我国新材料产业政策沿革与范围界定 …………… 1
- 一、我国新材料产业政策沿革 ………………………………… 1
- 二、新材料产业范围界定 ……………………………………… 5

第二章 广东新材料产业发展现状基础 …………………… 12
- 一、新材料产业 ………………………………………………… 12
- 二、全球新材料产业概况 ……………………………………… 13
- 三、我国新材料产业规模与集聚发展 ………………………… 14
- 四、广东新材料产业发展基础 ………………………………… 20
- 五、广东新材料产业企业的省域比较分析——以广东新材料概念上市公司为例 …………………………………………… 22

第三章 广东新材料产业发展特征、问题及发展阶段 …… 40
- 一、广东新材料产业发展特征 ………………………………… 40
- 二、广东新材料产业发展存在的问题 ………………………… 62
- 三、广东新材料产业发展阶段判断 …………………………… 76

第四章 新材料发展趋势与广东新材料产业面临的形势 … 85
- 一、新材料发展趋势 …………………………………………… 85
- 二、广东新材料产业发展面临的形势 ………………………… 93

第五章 广东新材料产业转型升级高质量发展战略思路与路径 …… 114
- 一、广东新材料产业转型升级高质量发展战略思路的形成 …… 114
- 二、广东新材料产业转型升级高质量发展战略思路的提出 …… 137

第六章　广东新材料产业发展重点与空间布局 …… 140
一、广东新材料产业发展重点 …… 140
二、广东新材料产业发展空间布局 …… 142

第七章　广东新材料产业高质量发展行动计划与重点工程 …… 148
一、广东关键战略新材料供应链替代、转移与供应安全保障行动 …… 148
二、广东新材料创新联盟与产业联盟建设行动 …… 151
三、提升创新与发展物理空间载体的广东新材料产业基地（园区）管理水平 …… 154
四、以新材料标准体系建设带动服务新业态发育发展，完善新材料产业生态圈 …… 158
五、广东新材料产业智能制造推进行动 …… 161
六、新材料产业促进政策的实施，树典型、试点标杆与示范推广行动 …… 164

第八章　广东新材料产业发展保障措施与政策建议 …… 168
一、加强对广东新材料产业发展的组织与指导，建议设立广东新材料产业发展专家委员会 …… 168
二、建议设立双层广东新材料政府产业基金，加强对新材料产业发展政府引导资金的投入 …… 169
三、完善广东新材料中小企业金融支持体系，加大广东新材料中小企业金融支持力度 …… 171
四、完善广东新材料产业政策体系，先试先行，加大新材料产业政策创新支持力度 …… 172
五、在粤港澳大湾区扩大与深化对外开放的新形势下激发新材料产业科技资源创新活力 …… 174

附录 …… 176

第一章　我国新材料产业政策沿革与范围界定

一、我国新材料产业政策沿革

新材料具有品种门类众多、生产和用户企业数量大、地区分布广泛、产业上下游供需关系复杂等特点，由于涉及广泛的传统高新产业领域而具有丰富的内涵与外延。作为国民经济基础性先导产业、高端制造及国防工业的关键保障，新材料产业是世界各国战略竞争的焦点。在我国，随着2010年中国战略性新兴产业概念的提出以及2015年《中国制造2025》的出台，新材料产业的战略地位迅速提升。

作为我国战略性新兴产业之一的新材料产业，其发展起步较晚，基础薄弱，相对其他战略性新兴产业来说，总体发展慢，仍处于培育发展阶段。新材料产业发展滞后，已严重制约我国制造业的发展。2019年，由中国工程院组织调研的制造业26个领域中外对比分析报告显示，我国在新材料领域与西方制造强国相比差距较大，属于对外依存度极高的八类产业之一。通过分析梳理包括信息显示、运载工具、能源动力、高档数控机床和机器人、国防军工在内的五大领域所需的244种关键材料可以看出，我国在先进高端材料研发和生产应用方面与国际先进水平相比差距甚大：仅有13种材料属于国际领先；有39种材料属于国际先进；与国外有较大差距的有101种，其中与美国有巨大差距的有23种；在244种关键材料中，有61种被国外禁运（出口管制），有156种材料依赖进口。以集成电路材料为例，包括硅材料、光掩膜、光刻材料、电子气体、工艺化学品、CMP抛光材料、溅射靶材、专用封装材料等在内的八大类材料，90%依赖国外引进，可谓短板突出。工信部对全国30多家大型企业的130多种关键基础材料进行调研，结果显示，32%的关键材料在国内仍为空白，52%的关键新材料需要进口，进口依赖度高。据统计，在国民经济需求的上百种关键材料中，目前约有三分之一的材料在国内属于完全空白，约有一半的材料稳定性较差，还有部分材料从2016年以来被"卡脖子"，受到的控制愈来愈严。而我国目前正处在经济转型和结构提升的关键时期，加快发展新材料产业，对于推动技术创新，支撑产业升级，建设制造强国具有重要的战略意义。

近年来，国家高度重视新材料产业的发展，先后将其列入国家高新技术产业、重点战略性新兴产业和《中国制造2025》十大重点领域，制定了许多针对新材料产业发展的规划和政策，大力推动新材料产业的发展，新材料产业的战略地位持续提升。

2016年12月23日，国务院成立新材料产业发展领导小组，国务院副总理马凯任组长，办公室设在工信部，彰显了我国大力振兴新材料产业的决心。小组的主要职责是审议推动新材料产业发展的总体部署、重要规划，统筹研究重大政策、重大工程和重要工作安排，协调解决重点难点问题，指导督促各地区、各部门扎实开展工作。在国家新材料产业发展领导小组第一次会议上，马凯明确指出："加快新材料产业发展是建设制造强国的迫切需要，是党中央、国务院作出的重要战略部署。要立足我国产业发展实际，着眼应对新一轮材料变革，以只争朝夕的精神，采取更加有力的举措，尽快把我国新材料产业搞上去。"我国新材料产业迎来了新的重大发展机遇。为加强对前瞻性、战略性、长远性问题的研究，认真负责、客观公正地做好有关战略、规划、政策的研究论证，作为提高决策科学化、民主化水平的一项重要制度安排，领导小组聘请了有关方面的专家（共48人）组成国家新材料产业发展专家咨询委员会。

2017年，为推动我国材料领域科技创新和产业化发展，明确"十三五"时期材料领域科技创新的思路目标、任务布局和重点方向，规范和指导"十三五"时期我国材料科技的发展，科技部牵头制定了《"十三五"材料领域科技创新专项规划》。为落实国家新材料产业发展领导小组的总体部署和《新材料产业发展指南》提出的重点任务，2017年、2019年、2022年，我国相继颁布《重点新材料首批次应用示范指导目录》。为解决新材料生产与应用相互脱节、关键领域保障不足的问题，推进新材料从开发、产业化到应用，加快新材料产业重点平台建设与重点新材料首批次应用示范，工信部、财政部自2017年起联合出台相关政策，推进"国家新材料生产应用示范平台""国家新材料测试评价平台""国家新材料资源共享平台"三个公共平台的建设，围绕先进基础材料、关键战略材料和前沿新材料等重点领域，构建形成了多方共建、公益为主、高效集成的新材料产业资源共享服务生态体系。

为了从保险与金融方面加强对新材料产业发展的支持，2017年8月，工信部、财政部、中国银行保险监督管理委员会决定建立新材料首批次应用保险补偿机制（工信部联原〔2017〕222号）并连续开展试点工作。2019年10月，成立注册资金达2000亿元的国家集成电路产业投资基金二期股份有限公司，基金采取公司制形式，按照风险投资的方式进行运作，更重视补齐一期基金在集成电路设备和材料方面的短板。2019年11月，国务院批复设立注册资本达1472亿元的国家制造业转型升级基金股份有限公司，有20家机构股东加入，其中包括财政部、国开金融有限责任公司、中国烟草总公司等中央部委、国有大中型企业，还包括保险公司、国资平台等，资金主要投向基础制造和新型制造、新材料、新一代信息技术、电力装备等领域处于成长期、成熟期的企业，运行方式主要有管理团队自主开展投资、管理公司受托开展投资等，从而实现促进关键技术产业化、工程化和应用化，推动我国制造业高质量发展的目标。

2020年9月，为贯彻落实党中央、国务院扩大战略性新兴产业投资、培育壮大新的增长点增长极的决策部署，更好地发挥战略性新兴产业的引擎作用，加快构建现代化产业体系，推动经济高质量发展，国家发展改革委、科技部、工业和信息化部、财政部四部门联合印发《关于扩大战略性新兴产业投资 培育壮大新增长点增长极的指导意见》（发改高技〔2020〕1409号），将新材料列为重点产业投资领域，从保障大飞机、微电子制造、深海采矿等重点领域产业链供应链的稳定，到光刻胶、高纯靶材、高温合金、高性能纤维材料、高强高导耐热材料、耐腐蚀材料、大尺寸硅片、电子封装材料等领域实现突破，到实施新材料创新发展行动计划等方面均提出了加快发展新材料产业强弱项的要求，打造产业集聚发展新高地，增强对产业发展的资金保障能力。

从当前国家新材料产业政策的主要脉络来看，一方面，《中国制造2025》是未来一段时期内引领我国制造业转型升级的纲领性文件，新材料产业则是制造业转型提升的核心领域和重要支撑之一。为引导广大企业和科研机构确定本单位的发展方向和发展重点，引导市场资源向国家的战略发展重点有效聚集，2015年9月，国家制造强国建设战略咨询委员会发布《〈中国制造2025〉重点领域技术路线图》，作为《中国制造2025》的注解和细化。为深化落实《中国制造2025》，2017年1月工信部等四部委发布了我国历史上首个材料产业发展指南——《新材料产业发展指南》，它也是"十三五"期间指导新材料产业发展的核心纲领性文件。另一方面，国务院及各部委制定的新材料相关领域的"十三五"规划则明确了《中国制造2025》及新材料产业在"十三五"期间的发展任务和目标，其中2016年12月国务院发布的《"十三五"国家战略性新兴产业发展规划》最重要。"十四五"期间，以2016年中美贸易战、科技战为开端的"逆全球化"进程不断深入，发达国家加快了"制造业回流""制造业振兴"进程，2020年开始的新冠疫情及2022后爆发的俄乌战争进一步加快了全球供应链的区域收缩与重整，我国工业产业发展关键零部件与关键材料被"卡脖子"的问题日益突出。面对风云变幻的国际形势，2021年3月，十三届全国人大四次会议表决通过的《中华人民共和国国民经济和社会发展第十四个五年规划和2035年远景目标纲要》更加重视新材料产业的发展，明确了提高关键材料保障能力对国防安全与产业安全的战略支撑作用，新材料产业的重要性进一步提升。梳理后的国家新材料产业政策脉络如图1-1所示。

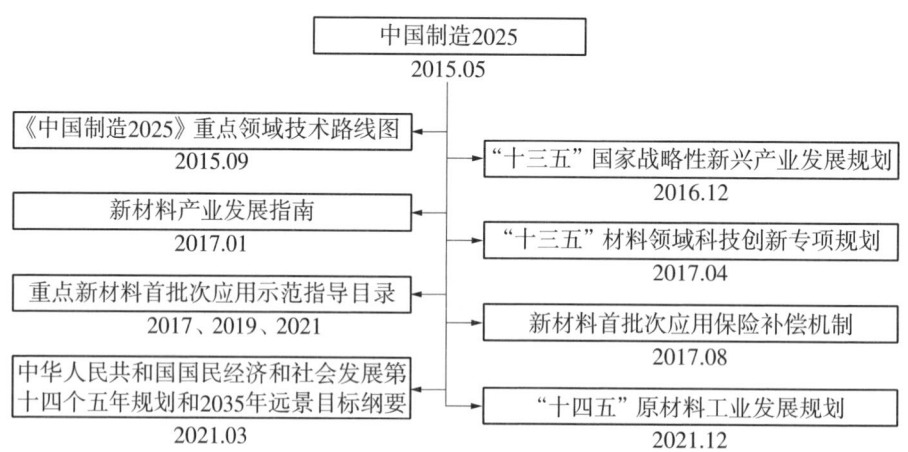

图1-1　国家新材料产业政策脉络

二、新材料产业范围界定

（一）"十二五""十三五""十四五"时期我国新材料产业的划分

在国家层面，新材料的内涵并不固定，随着经济的发展、科技的进步及产业的不断升级，其内涵也在发生变化，与时俱进。从"十二五"时期到"十三五""十四五"时期，新材料的内容不断更新。

2010年，国务院作出加快培育和发展战略性新兴产业的决定，确定了包括新材料在内的七大战略性新兴产业。这是我国首次从国家层面将新材料列为一个独立的产业，从国家战略的角度进行重点扶持。2012年7月，国务院印发《"十二五"国家战略性新兴产业发展规划》，所列举的新材料产业包括新型功能材料产业、先进结构材料产业、高性能复合材料产业三大类。

2016年11月，《"十三五"国家战略性新兴产业发展规划》颁布，所列举的新材料包括：面向产业发展需求的高强轻合金、高性能纤维、特种合金、先进无机非金属材料、高品质特殊钢、新型显示材料、动力电池材料、绿色印刷材料；特色资源新材料稀土、钨钼、钒钛、锂、石墨等特色资源高质化利用，海洋生物来源的医学组织工程材料、生物环境材料等；前沿新材料，石墨烯、纳米材料、智能材料、仿生材料、超材料、低成本增材制造材料和新型超导材料等。

2016年12月，工信部、发改委、科技部、财政部联合颁布的《新材料产业发展指南》则是粗线条与细目分类相结合，新材料被划分为先进基础材料（包括先进钢铁材料，高强铝合金、高强韧钛合金、镁合金等先进有色金属材料，高端聚烯烃、特种合成橡胶及工程塑料等先进化工材料，先进建筑材料、先进轻纺材料等）、关键战略材料（包括高端装备用特种合金，反渗透膜、全氟离子交换膜等高性能分离膜材料，高性能碳纤维、芳纶纤维等高性能纤维及复合材料，高性能永磁、高效发光、高端催化等稀土功能材料，宽禁带半导体材料和新型显示材料，以及新型能源材料、生物医用材料）、前沿新材料（包括石墨烯、金属及高分子增材制造材料，形状记忆合金、自修复材料、智能仿生与超材料，液态金属、新型低温超导及低成本高温超导材料）三大分类，并列举了重点应用领域急需的十大新材料领域：新一代信息技术产业用材料、高档数控机床和机器人材料、航空航天装备材料、海洋工程装备及高技术船舶用材料、先进轨道交通装备材料、节能与新能源汽车材料、电力装备材料、农机装备材料、生物医药及高性能医疗器械材料、节能环保材料；前沿新材料分为五大领域：石墨烯、增材制造材料、纳米材料、超导材料、极端环境材料。《新材料产业发展指南》明确了"十三五"时期新材料产业发展的重点领域，具体从先进基础材料、关键战略材料、前沿新材料三个方向展开。

2017年，国家颁布的新材料产业"十三五"规划遵循《新材料产业发展指南》，将新材料产业划分为特种金属功能材料、高端金属结构材料、先进高分子材料、新型无机非金属材料、高性能复合材料、前沿新材料六大类别领域。这些分类以大类为基准，兼顾大类重点及细类产品的列举，相对比较粗线条。

2018年11月26日，国家统计局公布《战略性新兴产业分类（2018）》（国家统计局令第23号），对新材料产业目录做了细化完善，包括先进钢铁材料、先进有色金属材料、先进石化化工新材料、先进无机非金属材料、高性能纤维及制品和复合材料、前沿新材料、新材料相关服务等七大领域，涵盖高性能轴承用钢加工、高技术船舶用钢加工、高强度汽车用冷轧板加工、新型铝合金制造、金属增材制造专用材料制造、新材料研发与设计服务等166个子类，其中新增子类达到135个，至此，我国新材料产业统计体系基本形成。该产业分类将新材料研发与设计服务业态外延纳入新材料产业统计范围，是对传统将新材料产业视为纯粹硬件制造业观念的修正与丰富，体现出新材料产业与时俱进的发展新趋势、新特征。

"十四五"时期，基于国际形势与国际国内经济双循环建设的需要，国家虽然未像"十二五""十三五"时期那样将新材料产业独立出来单独编制产业发展规划，但在理念上表现出将新材料发展与原材料工业、制造业核心能力增强，新材料供给与应用需求整合为一体的强烈倾向，更体现出新材料对我国建设成为制造强国的基础支撑作用，改变了孤立泛化地看待新材料产业发展的旧观念。这是"十四五"时期与"十二五""十三五"时期相比最突出的特征。

2021年3月颁布的《中华人民共和国国民经济和社会发展第十四个五年规划和2035年远景目标纲要》明确提出，新材料产业是构筑产业体系新支柱的重要战略性新兴产业。纲要要求加快壮大新材料产业，推动先进制造业集群式发展，并提出实施产业基础再造工程，加快补齐基础零部件及元器件、基础软件、基础材料、基础工艺和产业技术基础等短板，特别列举了高端新材料（高端稀土功能材料、高品质特殊钢材、高性能合金、高温合金、高纯稀有金属材料、高性能陶瓷、电子玻璃等先进金属和无机非金属材料取得突破，加强碳纤维、芳纶等高性能纤维及其复合材料、生物基和生物医用材料研发应用，加快茂金属聚乙烯等高性能树脂和集成电路用光刻胶等电子高纯材料关键技术突破）对制造业核心竞争力提升的支撑作用。

2021年12月颁布的《"十四五"原材料工业发展规划》提出了"新材料产业规模持续提升，占原材料工业比重明显提高"的总体目标；针对新材料产业，规划提出了"供给高端化水平不断提高，先进基础材料高端产品质量稳定性可靠性适用性明显提升，部分前沿新材料品种实现量产和典型应用，突破一批重点战略领域关键基础材料，协同创新体系更加高效完善，国家新材料平台体系初步建成，新材料产业创新能力明显提升，掌握一批具有自主知识产权的关键共性核心技术"的目标；规划特别强调，围绕大飞机、航空发动机、集成电路、信息通信、生物产业和能源产业等重点应用领域突破重点品种，提升公共平台的新材料创新发展工程；"坚持材料先行和需求牵引并重，聚焦国防建设、民生短板和制造强国建设重大需求，滚动制订关键材料产品目录，实施关键短板材料攻关行动"，包括关键短板材料攻关行动（列举了宽禁带半导体及显示材料、集成电路关键材料、生物基材料、碳基材料、生物医用材料等领域）；综合竞争力方面，规划提出，实施大宗基础材料巩固提升行动（在引导企业优化生产工艺的基础上，利用工业互联网等新一代信息技术，提升先进制造基础零部件用钢、高强铝合金、稀有稀贵金属材料、特种工程塑料、高性能膜材料、纤维新材料、复合材料等综合竞争力）；前沿材料方面，实施前瞻布局行动（把握新材料技术与信息技术、纳米技术、智能技术等融合发展趋势，发展超导材料、智能仿生、增材制造材料等，推动新的主干材料体系化发展），实施关键材料应用推广行动，强化应用领域的支持和引导。"十四五"时期重点新材料领域如图1-2所示。

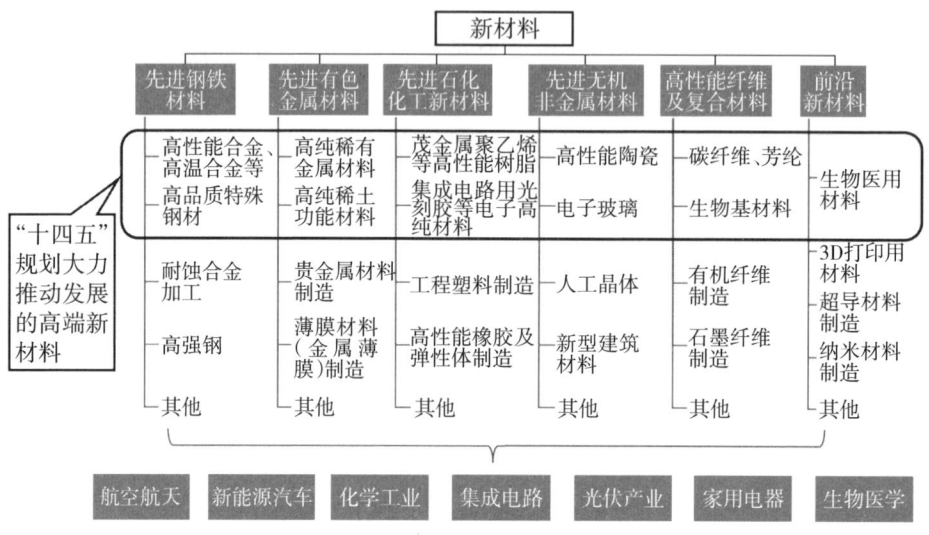

图1-2 "十四五"时期重点新材料领域

（二）"十二五""十三五""十四五"时期广东新材料产业划分

"十二五""十三五"时期，广东新材料产业大致遵循国家的划分标准，但同时也表现出新材料产业发展的广东特色。

2012年3月，《广东省战略性新兴产业发展"十二五"规划》将新材料分类为先进金属材料、新型无机非金属材料、高性能有机高分子材料及复合材料、特种精细化工材料、新型稀土功能材料、前沿新型材料六大类，并列举了各大类重点发展的新材料产品，以大类与大类重点产品的列举为主线。2013年发布的《广东新材料产业"十二五"规划》，从新材料重点产业扩容、新材料优势产业提升、新材料潜力产业孵育三个角度分类，重点发展，对支柱产业进行配套，为战略性产业发展提供支撑，不断延伸产业链，进一步增强规模优势和领先优势，优先发展高端新型电子信息材料、半导体照明材料、新能源汽车材料等三大领域，重点发展先进金属材料、新型无机非金属材料、高性能有机高分子材料及复合材料、特种精细化工材料、新型稀土功能材料等五大领域；规划文件在大类划分基础上，又列举了二级类别与重点产品。

2017年8月颁布的《广东省战略性新兴产业发展"十三五"规划》，将新材料与高端装备合并，提出了"以战略性新兴产业重点产业发展需求为导向，推进新材料融入全球高端制造供应链，为增强先进制造业核心竞争力提供有力支撑"的战略导向，将新材料产业分为提升先进基础材料制造水平、推动关键战略材料规模应用、加快前沿战略材料突破发展三大类别，规划还列举了各类别的重点产品（也是采用大类划分与重点产品列举相结合的方式），明确提出要"大力推进材料生产过程的智能化和绿色化改造，重点突破材料性能及成分控制、生产加工及应用等工艺技术"。上述三大类别中的两类都包含着强烈的需求拉动与支撑需求特征，这是"十三五"时期广东新材料产业发展的重点。

2021年1月，广东省颁布《广东省国民经济和社会发展第十四个五年规划和2035年远景目标纲要》（以下简称《广东目标纲要》），要求加快新材料领域补短板、锻造长板的步伐，抢占战略制高点；围绕建设全球先进制造业基地和产业创新高地，培育发展一批战略性产业集群，着力打造国际一流的制造业发展环境高地，巩固提升制造业在广东经济中的支柱地位。对于新材料产业，《广东目标纲要》提出要建设战略性支柱产业先进材料集群与战略性新兴产业前沿新材料集群，并列举了先进材料、前沿材料的内容。

2021年8月颁布的《广东省制造业高质量发展"十四五"规划》（以下简称《广东"十四五"规划》）结合广东发展情境，将新材料产业明确定位为先进材料（战略性支柱产业），是"广东制造的稳定器"；前沿新材料（战略性新兴产业）则是"广东制造的推进器"。类别方面，将新材料与广东制造业高质量发展合并，表现出对广东制造业发展"支撑能力提高"与"重大引领带动作用"兼重的战略导向。《广东"十四五"规划》同样采用了大类划分及重点产品列举相结合的方式，大类划分为先进材料，重点发展五大领域（建筑材料、绿色钢铁、有色金属材料、化工材料、稀土材料）；前沿材料，重点发展七大领域（新型半导体材料、电子新材料和电子化学品、先进金属材料、新能源材料、生物医用材料、纳米材料、材料创新服务）。

（三）本研究对广东新材料产业范围的划分

基于以上对国家与广东省"十二五""十三五""十四五"时期新材料范围的划分（按时间顺序纵向梳理），可以发现，十余年间从国家层面到广东省都特别强调了新材料对高端战略性新兴产业发展、重大工程与建设项目的材料支撑作用。其中，在"十四五"时期，国家层面的倾向表现得更明显。而"十三五"时期，在国家"高端装备""中国制造新跨越"的战略指导下，广东突出了对材料生产过程智能化和绿色化改造的重视；从"十二五"时期到"十四五"时期，广东不断加强对前沿新材料的发展布局，且在"十四五"时期给予了更高的关注度，并开始重视、扩展新材料产业创新服务新业态。当然，在此期间，对新材料的需求拉动及对国民经济发展产业需求与战略支撑的考虑要更多一些。值得一提的是，"十三五"时期，国家层面及广东省都没有涉及稀土材料，"十四五"时期，则都增加了对稀土材料的列举。以上变化体现了技术的进步以及对环境形势变化的因应。随着中美贸易战、科技战愈演愈烈，全球供应链重整加剧，"逆全球化"进程日趋深化，以美国为代表的发达国家对我国龙头企业全球供应链的打压日益频繁，稀土作为我国全球优势战略材料资源的重要性日益突显，也成为中国制衡美国制裁的一个重要反制工具。

鉴于新材料产业发展在时间上具有继承性、积累性与延续性的特征，同时又要体现"十二五""十三五"时期政府出台的新材料政策的延续性，以及广东新材料产业的发展特色，笔者对新材料产业的范围仍以大类划分为基础，再结合大类中的二级领域，列举相应的重点产品、技术，加以展开（见表1-1）。

表1-1　广东省新材料与技术的范围和内容

范围	定义与内容	
（一）高性能金属材料	1. 稀土功能材料 3. 高品质特殊钢 5. 金属基复合材料 7. 其他结构功能材料	2. 稀有金属材料 4. 铝镁轻金属材料 6. 粉末冶金材料
（二）先进高分子材料	1. 高强韧橡胶材料 3. 聚合物基复合材料 5. 高性能合成纤维	2. 功能高分子材料 4. 高性能改性塑料
（三）精细化工材料	1. 高性能环境友好涂料 3. 高性能电子化学品	2. 高效绿色表面活性剂 4. 高效助剂和添加剂
（四）新型光电材料	1. 半导体照明材料 3. 光纤激光材料与激光器 4. 第三代半导体材料与器件 5. 氧化物半导体材料与器件 6. 晶体材料与器件	2. 有机发光材料
（五）新型无机非金属材料	1. 电子陶瓷材料 3. 功能玻璃 5. 无机微纳米材料	2. 高韧高硬陶瓷材料 4. 高性能水泥基材料
（六）先进能源材料	1. 太阳能光伏材料 3. 锂离子电池材料 5. 燃料电池材料	2. 太阳能光热材料 4. 超级电容器材料 6. 热电材料
（七）材料制备新技术	1. 增材制造技术（3D打印技术） 2. 涂层薄膜材料制备新技术 3. 材料先进连接技术 4. 材料短流程制备技术 5. 超材料设计、制备技术	
（八）生物医用材料	1. 高活性组织修复材料 2. 高活性表面/界面及其生物功能化材料 3. 新型可降解生物材料	

第二章 广东新材料产业发展现状基础

一、新材料产业

新材料是现代科技发展之本,美国将新材料称为"科技发展的骨肉"。新材料技术被称为"发明之母"和"产业粮食"。中国语境下的新材料包含的门类众多,新材料的研究、发明和应用及其推广与工业技术革命和产业转型密不可分,具有科学基础知识与多领域交叉学科技术相互作用的特征,其产品知识含量和附加值高。精细高端的基础性材料既包含复杂的知识产权,又拥有强大的竞争优势。

新材料产业是制造业的重要组成部分,主要指的是与新材料的研发、生产、加工、销售及其应用密切相关的一个产业的集合。它能够对多个下游领域的发展起到战略引领、基础支撑和促进的重要作用,在能源、信息、装备制造、交通等多个下游领域具有广阔的技术应用和发展空间,是对整个社会和国民经济的发展具有巨大促进和推动作用的一种现代基础型技术性产业。

当代新材料产业包含研发与生产,凝聚了大量知识要素和技术要素,是发展速度较快的新兴产业。新材料产业的发展水平与科技创新水平已成为衡量一个国家工业技术与科技创新水平的重要指标。如今众多企业处于新材料产业初期发展阶段,随着材料科学的不断革新和技术研发效率的不断提升,产业迅速兴起,不断扩张,产品更新周期也不断缩短。

从产业性质来看,新材料产业处于产业价值链的上游,任何重要生产活动都离不开材料的供应。新材料产业为下游产业提供了生产资料和技术支持,上下游之间存在高度的关联性,因此下游产业的市场需求会在一定程度上决定新材料产业的需求。新材料产业的研发和生产水平制约着其他产业的发展水平,并辐射带动其他产业的发展,新材料产业与下游相关产业的融合发展是未来产业发展的重中之重。

由于新材料产业技术发展的不确定性和市场需求的不确定性都比较高，新材料从研发到应用推广往往需要经历较长的周期。企业前期研发投入的资金量比较大，技术创新也难以预测。基于这些特征，短期投资无法产生高回报，尤其是新材料产业的技术装备，需要大量投入才能发挥规模效应。因此新材料产业具有高投资风险，需要外部资本持续有效的投入才能保证创新的动力和可观的回报。

二、全球新材料产业概况

新材料是国际竞争的重点领域之一，也是决定一国高端制造及国防安全的关键因素，全球范围内尤其是发达国家都对发展新材料给予高度重视。新材料产业总体规模增长平稳，2016年全球新材料产业总产值为2.09万亿美元，2019年这一数据为2.82万亿美元，2020年增至2.93万亿美元。当前全球新材料产业发展格局形成了三级竞争梯队：第一梯队是美国、日本、欧盟等发达国家和地区，它们在经济实力、核心技术、研发能力、市场占有率等方面占据绝对优势；第二梯队是韩国、新加坡、俄罗斯、中国等，这些国家的新材料产业处于快速发展时期；第三梯队则是巴西、印度等国家。目前大多数发展中国家的新材料产业较为落后，发达国家在国际新材料产业领域占据绝对领先地位。

新材料龙头企业主要集中在美国、欧洲和日本。如化工新材料领域，美国的陶氏、杜邦、埃克森、美孚，法国的道达尔，英国的壳牌，日本的三菱化学等；无机非金属领域，德国的肖特、欧司朗，日本的京瓷、东芝、板硝子、旭硝子，美国的康宁等著名跨国公司。此外，韩国新材料产业发展迅速，也出现了浦项钢铁、LG化学、三星等跨国企业。高附加值、高技术含量的新材料产品，主要为发达国家的跨国公司所控制，整个市场结构呈现明显的寡头垄断特征。例如，日、美、德的六家企业的碳纤维产能占了全球份额的70%以上，日本、美国的五家企业的12寸晶圆产量占全球份额的90%以上，日本三家企业的液晶背光源发光材料产量占全球的90%以上。

从2019年全球新材料产业结构来看，先进基础材料、前沿新材料发展较快，先进基础材料产值比重为49%，关键战略材料产值比重为43%，在3D打印材料、石墨烯、超导等新兴产业技术突破的带动下，前沿新材料比重有所上升，达到8%。

三、我国新材料产业规模与集聚发展

（一）我国新材料产业发展规模与结构

新材料产业作为我国的基础性、战略性和先导性产业，"十二五"时期以来，规模不断扩大，已经形成了全球门类最全、规模第一的材料产业体系和生产能力。据有关机构测算，2011年我国新材料产业总产值仅有0.8万亿元，2019年已增至4.5万亿元，占全球新材料产值的比重从2016年的20%提升至2019年的23%。2020年，我国新材料总产值达到5.3万亿元，较上一年增长15%，2011—2020年复合增长率约为23.64%。

近年来我国新材料产业结构不断优化，2019年末先进基础材料、关键战略材料产值占比分别为57.4%、39.1%，前沿新材料产值占比为3.5%。而以领域划分，我国新材料产业主要有特种功能材料、现代高分子材料和高端金属结构材料，占比分别为32%、24%和19%。对产业的整体发展，业界已有基本共识，我国新材料产业大而不强，处于由中低端产品自给自足向中高端产品自主研发、进口替代过渡的阶段；国内高端新材料技术和生产偏弱，近年来产能虽有显著提高，但未能满足国内高端产品的需求，迈向材料强国之路任重而道远。

（二）我国新材料产业总体分布与集群发展

1. 我国新材料产业总体分布

从新材料产业发展区域总体分布来看，我国东、中、西部和东北地区新材料产业的发展各有侧重，呈现"东部沿海聚集，中部、西部、东北地区特色发展"的空间布局，区域特征明显。由于我国区域经济发展水平与发展基础差异较大，新材料产业起步发展时间不尽相同，各区域之间产业种类与发展规模均存在差异。近年来，在中央和地方政府的支持下，我国新材料产业规模快速扩大，全国新材料布局多元化发展，呈现出明显的区域集聚发展态势，初步形成以环渤海、长三角、珠三角等地区为轴心的综合性新材料产业基地（表2-1），产业规模位居全国前列，不但创新能力较强，下游应用市场也十分广阔。其中，江苏、山东、浙江、广东的新材料产业规模位居全国前四；中西部特色新材料产业基地以材料深加工和资源利用为基础，资源能源优势突出，要素成本相对较低；东北地区形成了服务于重大装备和工程的特色新材料产业基地。

表2-1 我国新材料产业核心集聚区

环渤海聚集区	稀土功能材料、高技术陶瓷膜材料、磁性材料、硅材料、特种纤维等
长三角聚集区	航空航天新材料、新能源新材料、新型化工新材料、电子信息新材料
珠三角聚集区	电子信息新材料、改性工程塑料、陶瓷材料

资料来源：前瞻产业研究院。

京津冀、长三角、珠三角地区。依托区位、产业、人才和技术优势，形成了较为完整的新材料产业体系，承担着新材料的研发创新、高端制造等功能，形成了一批综合性新材料产业集聚区。其中，京津冀地区，大型企业总部、国内顶尖高校和重点科研院所集聚，科技创新能力全国领先；考虑到环境承载力等因素，重点发展电子信息材料、新能源材料、生物医用材料、航空航天用材料、高性能膜材料、前沿新材料等高精尖材料，形成了高端新材料产业集群。长三角地区，经济发展水平高，产业配套完善，物流交通网络发达，是我国重要的新材料研发、生产和消费市场，也是拥有新材料产业集群最多的地区，在高性能金属材料、先进高分子材料、高性能纤维等领域形成一批代表性产业集群。珠三角地区，应用市场空间和潜力大，外向型出口经济发达，新材料产业集中度高，技术创新型中小企业占主导地位，在电子信息材料、化工新材料、改性工程塑料、先进陶瓷材料等领域培育出具有较强优势的产业集群。

中部地区。钢铁、有色金属、化工、建材等传统材料工业基础扎实，通过加大技术创新投入，推动传统材料优化升级，发展一批技术含量和附加值高的精深加工产品。新材料产业基地初具规模，形成了江西赣州新型功能材料产业集群、湖南株洲硬质合金材料产业集群、河南郑州超硬材料产业集群等。

西部地区。资源能源丰富，但对高端人才的吸引力不足，技术创新迭代速度较慢。依靠资源转化优势和重点企业，通过技术引进与合作等方式，在稀有金属材料、新型轻合金、新能源材料等领域集聚形成了一批特色新材料产业基地。

东北地区。钢铁、化工等大宗基础材料优势明显，国有经济主导，装备制造基础雄厚，但近年来经济活力下降，人才外流严重。依托东北老工业基地奠定的技术积累和产业工人优势，这一地区瞄准高端装备、航空航天等产业需求，在高端金属结构材料、先进高分子材料和高性能复合材料等领域初步形成集聚发展态势，形成吉林碳纤维产业集群、黑龙江石墨烯产业集群等。

2. 产业基地或园区成为我国新材料产业集群发展的重要载体

我国新材料产业集群都是由新材料及其相关企业在一定区域范围内高度集中形成的。部分集群在政府引导下，依托园区或产业基地发展起来；部分集群最初依托企业发展，形成一定规模后，吸引集聚更多新材料及其相关企业，最终形成新材料产业园区或基地。产业园区或基地是我国新材料产业集群发展的重要载体并表现出明显的区域特征。从当前国家级新材料集群来看，产业园区或基地主要有2002年以来科技部火炬中心认定的国家火炬计划新材料特色产业基地，2008年由国家发改委认定的新材料产业国家高技术产业基地，2009年以来工信部认定的新材料产业国家新型工业化产业示范基地，2012年以来科技部认定的国家高新技术产业化基地。截至目前，我国已经批准设立的国家级新材料产业基地有278个（7个高技术产业基地、58个新型工业化产业示范基地、94个高新技术产业化基地、119个国家火炬计划特色产业基地）。省级新材料产业园区或基地数量更多，如图2-1所示。江苏国家级新材料产业基地数量最多时有42个；紧随其后的是山东，24个；浙江、江西各17个；广东9个。

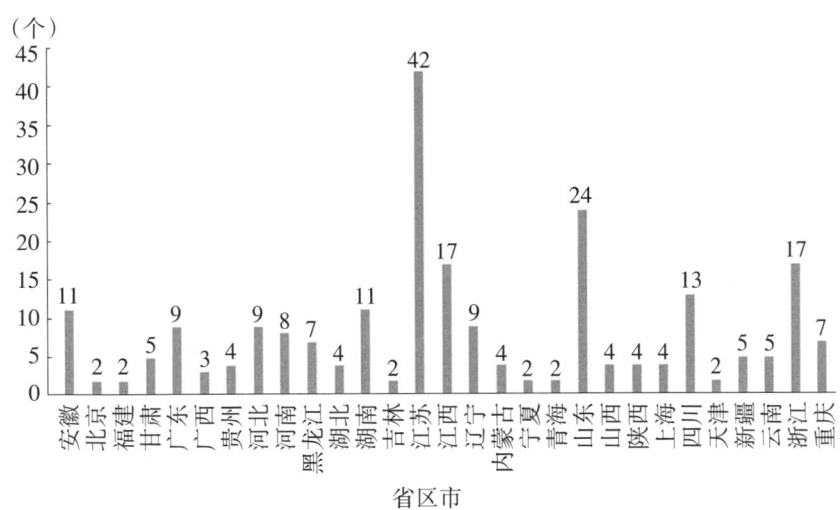

图 2-1　我国重点省区市国家级新材料产业基地数量

资料来源：我国新材料产业集群发展战略研究；https://baijiahao.baidu.com/s?id=1731463577441084758&wfr=spider&for=pc。

各类新材料产业园/新材料开发区，截至 2019 年，据不完全统计，全国共有 386 个。其中，江苏省开发区数量最多，有 43 个；紧跟其后的是山东省，42 个；四川省 34 个；安徽省、河北省各 26 个；广东省新材料开发区为 21 个（图 2-2）。

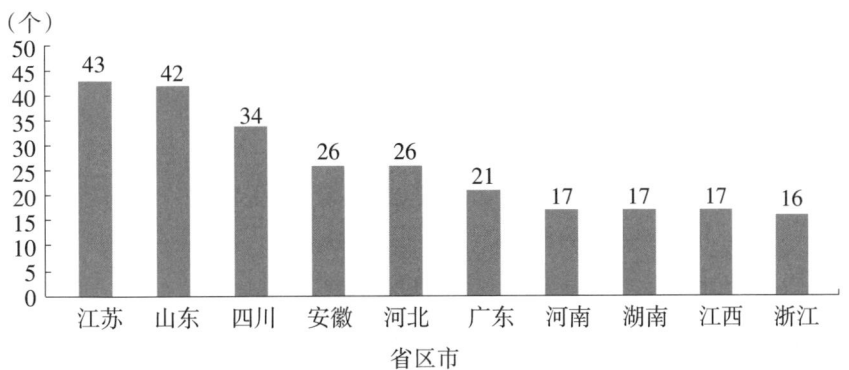

图 2-2　全国新材料开发区分布情况（2019 年）

目前我国新材料产业细分领域共有重点聚集区 151 个，其中特种无机非金属材料重点聚集区数量最多，43 个；其次是化工新材料，25 个；先进有色金属材料、电子信息材料、先进钢铁材料、新型显示材料、前沿新材料、稀土功能材料、新能源材料和生物基及生物医用材料重点聚集区分别为22个、16个、11个、11个、10个、6个、4个和3个。这些重点聚集区与区域总体分布特征表现一致，主要分布在山东、江苏、广东、浙江、台湾等地。其中，山东和江苏拥有的新材料产业重点聚集区数量最多，均为8个；其次是广东，有7个；浙江和台湾均有6个。

2017年以来，国家也积极在新材料产业聚集区推进新材料产业重点平台建设。截至2021年，我国建设新材料产业重点平台26个。其中北京最多，共有11个；河南、山东和浙江均有2个；安徽、广东、湖南、江苏、吉林、内蒙古、上海、四川和新疆各有1个（表2-2）。

表2-2 中国新材料产业重点平台

省/自治区/市	所在地	新材料产业重点平台
北京（11个）	北京昌平区	国家新材料生产应用示范平台（核能材料）
	北京朝阳区	国家新材料生产应用示范平台（农机装备材料）
	北京朝阳区	国家新材料测试评价平台行业中心（先进高分子材料）
	北京朝阳区	国家新材料测试评价平台行业中心（先进无机非金属材料）
	北京大兴区	国家新材料生产应用示范平台（集成电路材料）
	北京海淀区	国家新材料测试评价平台行业中心（先进钢铁材料）
	北京海淀区	国家新材料产业资源共享平台
	北京海淀区	国家新材料生产应用示范平台（卫星及空间探测材料）
	北京海淀区	国家新材料生产应用示范平台（航空发动机材料）
	北京怀柔区	国家新材料测试评价平台主中心
	北京西城区	国家新材料测试评价平台行业中心（有色金属）

续表

省/自治区/市	所在地	新材料产业重点平台
河南（2个）	河南新乡市	国家新材料生产应用示范平台（生物医用材料）
	河南洛阳市	国家新材料生产应用示范平台（先进海工与高技术船材料）
山东（2个）	山东济南市	国家新材料生产应用示范平台（高档数控机床关键材料）
	山东青岛市	国家新材料生产应用示范平台（高速铁路装备材料）
浙江（2个）	浙江宁波市	国家新材料测试评价平台区域中心
	浙江绍兴市	国家新材料生产应用示范平台（特种电机材料）
安徽（1个）	安徽合肥市	国家新材料生产应用示范平台（新型显示材料）
广东（1个）	广东广州市	国家新材料测试评价平台行业中心（先进电子材料）
湖南（1个）	湖南长沙市	国家新材料测试评价平台区域中心
江苏（1个）	江苏南京市	国家新材料测试评价平台行业中心（复合材料）
吉林（1个）	吉林长春市	国家新材料生产应用示范平台（新能源汽车材料）
内蒙古（1个）	内蒙古包头市	国家新材料测试评价平台行业中心（稀土新材料）
上海（1个）	上海浦东新区	国家新材料生产应用示范平台（航空材料）
四川（1个）	四川成都市	国家新材料测试评价平台区域中心
新疆（1个）	新疆昌吉回族自治州	国家新材料生产应用示范平台（智能输变电装备材料）

四、广东新材料产业发展基础

广东既是新材料生产大省,也是新材料需求大省,具有较好的产业基础,技术水平与综合实力位居全国前列。广东新材料产业发展门类较为齐全,涵盖金属材料、无机非金属材料、高分子功能材料以及特色资源新材料等。

(一)新材料产业已有较大产值规模

统计数据显示,2009年广东新材料产业实现工业总产值3630亿元(较2005年增长145%),实现工业增加值870亿元,产业规模总体位居全国前列。新材料领域的高新技术企业有470多家,约占全省高新技术企业总数的14%,其中新材料产品产值超亿元的企业有303家。

2013年,广东新材料产业工业总产值为1351.54亿元;2014年,广东新材料产业实现工业总产值1364.24亿元,同比增长2.1%,工业增加值265.47亿元,同比增长3.9%,主营业务收入1326.8亿元,利润52.55亿元,上缴税收32.47亿元。2012年,广东规模以上新材料企业1800余家(2012年统计口径),其中高新技术企业600多家,行业从业人员约10万人;新材料企业主要分布在广州、深圳、佛山、东莞、珠海、惠州、中山、江门等地,产业规模占全省的80%以上。

"十三五"期间,广东新材料产业发展比较平稳。2015年,新材料产业增加值为1900亿元,2018年为2500亿元,2020年增至2700亿元;和同期全国新材料产业总产值从2010年的0.65万亿元发展到2017年的3.1万亿元、2020年的5.3万亿元,年复合增长率超过25%,以及国家《"十三五"新材料发展规划》中设定的年均25%的增长率相比低了一些,和全国其他新材料产业发展强省如山东、江苏、浙江等相比,广东新材料产业的发展规模及增长速度也不算高。

从新材料中的先进材料与前沿材料的发展情况来看,2019年广东先进材料产业(含建筑材料、绿色钢铁、有色金属、化工材料、稀有稀土材料)主营业务收入达2.15万亿元,工业增加值5089亿元。2021年先进材料集群实现营业收入 2.66 万亿元，在全省 20 个产业集群中位居第三（新一代电子信息营业收入 4.55 万亿元，位居第一；现代轻工纺织营业收入 2.83 万亿元，位于第二），约占全省工业主营业务收入的 15.67%，产业规模超过全省工业比重的七分之一，实现利润总额 1434.46 亿元，占比约为 13.12%，工业增加值 5251.03 亿元，占比约为 14.02%。前沿材料方面（包括智能、仿生与超材料，低维及纳米材料，高性能纤维，新型半导体材料，电子新材料及电子化学品，先进金属材料，新型复合材料，超导材料，增材制造材料，新能源材料，生物医用材料，材料先进研发、制备和检测、验证服务等领域），2019 年广东前沿新材料产业营业收入近 500 亿元，2021 年营业收入 806.54 亿元，实现利润 71.3 亿元，营收同比增长 26.4%，增速达 35.7%，产业规模增速在十大战略性新兴产业集群中排名第二，产业技术水平和综合实力位居全国前列。由此可见，广东新材料版图中，先进材料的重要性与经济稳定器作用要高于前沿材料。

（二）培育了一批拳头产品

广东有十多种新材料产品产能位居全国前列，先进材料产业基础雄厚，绿色高性能建筑材料、化工材料产业规模居全国前列。例如，排名全国第一的改性塑料产能达 80 万吨，化工材料中塑料制品产量超过 1339 万吨，位列全国一；双向拉伸聚酯薄膜产能 2.7 万吨，复合氧化锆产能 2300 吨，钴镍废弃资源处理能力 5 万吨，稀土发光材料产能 5000 吨，覆铜板产能 2500 万平方米，高纯电子化学品产能超过 3 万吨。据统计，2019 年广东省建筑材料中水泥产量为 1.67 亿吨，占全国的 7.1%，居全国首位；建筑陶瓷产量 21.3 亿平方米，占全国的 21%，全国排名第二；卫生陶瓷产量 5039.8 万件，占全国的 23%，全国排名第二；平板玻璃产量 9997.96 万重量箱，占全国的 10.8%，全国排名第三；优质浮法玻璃生产能力位居全国第一；钢材产量 4510.45 万吨，占全国的 3.7%；铝材产量 470.48 万吨，占全国的 9%，全国排名第三。化工材料中塑料制品产量 1339.11 万吨，占全国的 16.4%，居全国首位；合成橡胶产量 75.7 万吨，占全国的 10.3%，全国排名第四；初级形态塑料产量 654.1 万吨，占全国的 6.8%。

广东战略新兴产业新材料，高性能低成本碳纤维、石墨烯电子纸、汽车轻量化材料、新能源材料、生物型硬脑（脊）补片及生物型胸外科补片、多层耐磨陶瓷薄膜等领域的研发制造技术已接近国际先进水平，部分已达到国际领先水平，并在新型电子材料、显示材料、电池材料、密封材料、纤维材料、化学试剂、储氢材料、纳米粉体材料领域也培育出一批国内领先的前沿新材料产品。如中国石油化工股份有限公司广东石油分公司（简称"广东石化"）的260万吨/年芳烃联合装置是全球单套生产能力最大的芳烃装置，80万吨/年苯乙烯装置是全球单套规模最大的苯乙烯装置；金发科技股份有限公司（简称"金发科技"）的改性塑料产能排名全球前三，突破耐高温尼龙合成关键技术，开发的聚对苯二甲酰癸二胺（PA10T）材料达到世界领先水平，广泛应用于汽车、电子电器、航空航天、LED、军工和化工、水暖等领域，开发的LCP薄膜等产品打破了美、日等国的技术垄断。

五、广东新材料产业企业的省域比较分析——以广东新材料概念上市公司为例

截至2022年11月，全国新材料概念国内上市公司数量总计301家（剔除ST股），其中沪深主板116家，中小板61家，科创板36家，创业板88家。以上数据来源于东方财富Choice数据库，不包含在香港联交所、新加坡新交所、美国纳斯达克等外板的上市公司。笔者以此数据库为基础，分析比较广东与国内部分省市的新材料概念主板、中小板、科创板、创业板上市公司的情况。

各板中，主板上市公司要求条件最高，多为大型成熟企业，资本规模较大，盈利能力较强且运营稳定；科创板上市公司多为已经跨越创业阶段进入高速成长阶段且具有一定规模的中小企业，该板块主要面向符合国家战略、突破关键核心技术、市场认可度较高的科技创新企业；创业板二板市场专为具备一定规模、盈利能力要求不高，但具有较强成长性、创新活跃性的中小企业。主板与中小板以成熟企业为主体，科创板对公司的技术含量要求高一些，创业板对公司的成长性要求高一些。和"中概股"相比，新材料概念国内上市公司更具有典型性与代表性，占据绝对主体地

位，下文涉及的企业所有制性质，国有指国有控股，外资为外资控股。

（一）各板上市公司总体情况

1. 主板

全国新材料概念主板上市公司有116家（图2-3）。从地域分布来看，其分布极不均衡，各省上市公司数量差异也较大。有8个省份的公司数量高于平均值（平均值为4家），其中浙江省最多，达到21家，可谓遥遥领先；江苏省次之，有13家；广东省与北京市的公司数量位于第三，均为9家，与浙江省、江苏省相比有明显差距。从数量来看，广东省新材料概念主板上市公司不占优势。

从上市公司企业所有制情况来看，新疆、河南、甘肃、广西、吉林、重庆6个省份的新材料概念上市公司均为民营企业，浙江、江苏、广东、山东、江西、福建的主板上市公司中，民营企业主体数量所占比重超过50%，表明民营资本在新材料产业的发展中参与度较高。特别值得关注的是，浙江省、江苏省、广东省的民营企业数量在省内企业所占比重均超过80%，远高于全国平均水平。

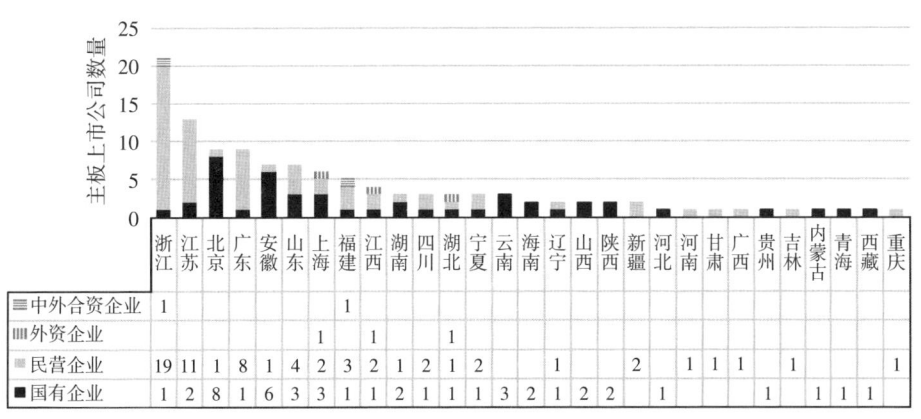

图2-3　主板新材料概念上市公司

2. 中小板

中小板新材料概念上市公司全国总计61家（图2-4）。从省份分布来看，浙江省最多，达到14家；江苏省次之，为11家；广东省位居第三，有 10 家，与浙江省、江苏省仍存在差距，但差距明显低于主板情况。从企业所有制性质来看，与主板特征保持一致，浙江省、江苏省、广东省、山东省的新材料概念上市公司中，民营企业数量在省内企业占比均超过50%，民营资本主体占据主导地位。

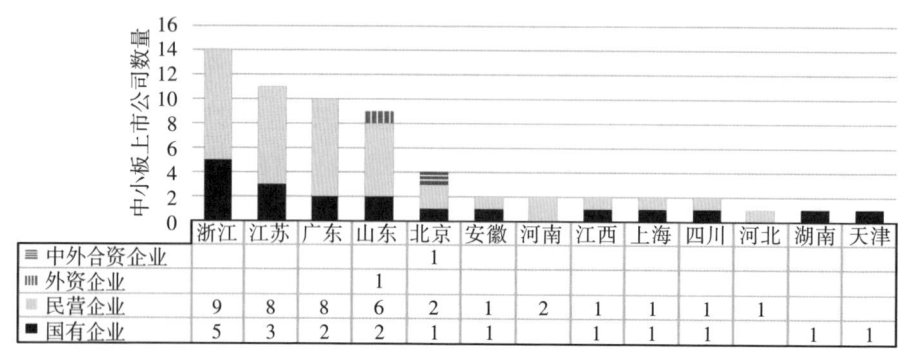

图 2-4 中小板新材料概念上市公司

3. 科创板

科创板新材料概念上市公司全国总计 36 家（图 2-5）。从省份分布来看，北京、广东、江苏、陕西、上海的公司数量均高于平均值（平均值为 3 家）。其中江苏省数量最多，达到 8 家；广东省、陕西省、上海市次之，均为 5 家。与主板、中小板表现特征一致，广东省 5 家新材料概念科创板上市公司均为民营企业。值得关注的是，新材料概念上市公司数量较多的省份中出现了经济欠发达的西部省份——陕西省，这表明该省的技术基础实力比较雄厚。

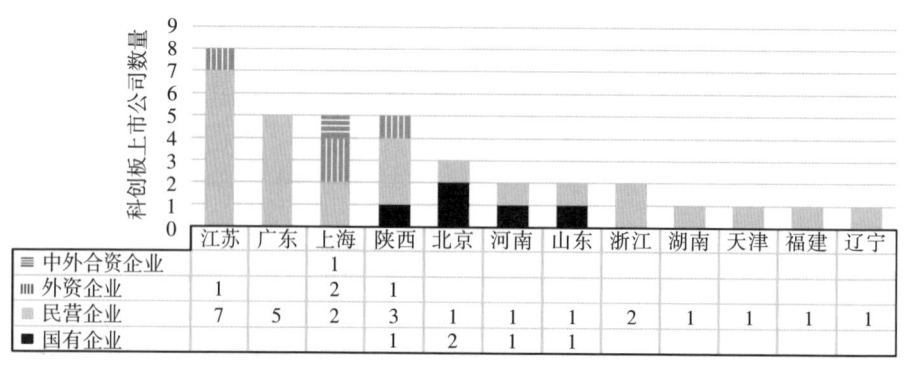

图 2-5 科创板新材料概念上市公司

4. 创业板

创业板新材料概念上市公司全国总计88家（图2-6）。从省份分布来看，江苏省的数量遥遥领先，达到22家；广东省次之，有13家；山东省位居第三，有11家。广东省新材料概念创业板上市公司企业所有制性质较为多元化，民营企业占主流，有9家；地方国有控股2家，外资1家，中外合资1家。这可能与广东省发达的风险投资基金市场与地方政府的资金投入有关。

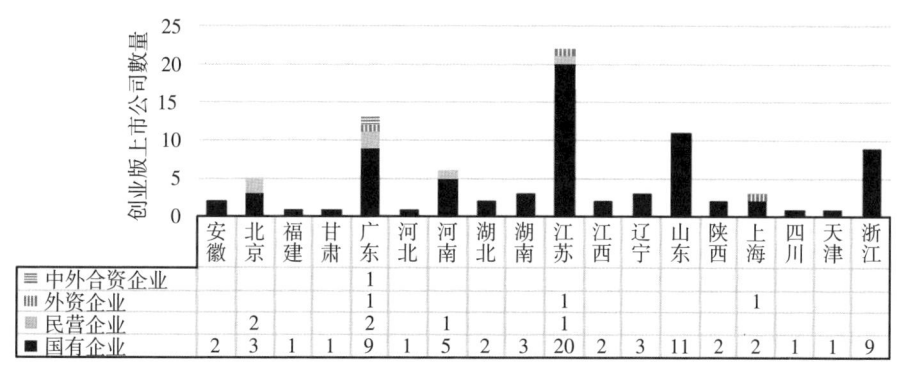

图2-6 创业板新材料概念上市公司

首先，从新材料概念各板上市公司的数量来看，广东省在主板的优势最小，其他各板优势有所提升，说明广东省处于全国前列但优势不明显，在对规模实力要求最高的主板上，上市公司数量与浙江省、江苏省形成的差距最大，表明广东省的大企业不多，不占优势；其次，广东省在中小板的优势也低于浙江省、江苏省，在创业板虽位居第二但与排在第一位的江苏省有不小的差距，科创板与江苏省相比也存在差距，但与浙江省的差距则比较小。整体来看，广东省中小企业情况也明显弱于江苏省、浙江省。而从所有制性质来看，广东省民营经济主体表现得更加活跃，也更加多元化，所发挥的作用要远远超过国有控股企业而占主导地位，这应与当地较为成熟的市场机制正相关。

(二) 各板新材料概念上市公司市值情况

上市公司市值能够综合反映市场对企业当前营业收入与经营情况及其较长期成长前景的评价,高市值公司往往与公司较强的资本资产运用与管理能力相对应,也能发挥标杆示范效应与广泛的影响力。本部分内容以2021年12月31日为时间基准,对各市场板块的新材料概念上市公司市值进行分析。在2021年12月31日后上市的公司,采用2021年12月31日基期净利润乘以最新报告期(2022年三季度)的市盈率来补充该公司在2021年12月31日的市值。

1. 主板

以2021年12月31日为时间基准,全国116家新材料概念主板上市公司总市值达到27886.28亿元。其中,浙江省21家上市公司市值总额为7543.81亿元,占比最高,为27.05%;山东省7家上市公司市值总额为3914.59亿元,占比为14.04%,位居第二;江苏省13家上市公司的市值总额为2357.67亿元,占比为8.45%,位居第三;广东省9家上市公司的市值总额为884.33亿元,占比为3.17%,与位居前列的浙江省、山东省、江苏省的市值总额相差较大。这表明,广东新材料概念主板上市公司表现出的整体影响力在全国还较为有限,广东新材料产业大企业的产业影响力整体还不高。

主板新材料概念上市公司在2021年末的市值整体均值为240.40亿元(图2-7)。内蒙古虽只有1家新材料概念主板上市公司,为国有控股(北方稀土),但市值达1600亿元,位居第一,可谓遥遥领先;山东省有7家,公司2021年末的平均市值为559.23亿元,位居第二;数量最多的浙江省(21家),公司平均市值为359.23亿元;而江苏、北京、广东的新材料概念主板上市的公司平均市值均低于主板新材料概念板块整体均值。其中,广东省新材料概念主板上市公司2021年末平均市值为98.26亿元,不但未达到主板整体平均值的二分之一,甚至还低于中小板新材料概念上市公司的平均市值。这说明与全国相比,广东新材料概念主板上市公司的规模实力还不强,表现出龙头大企业不够大的特征。

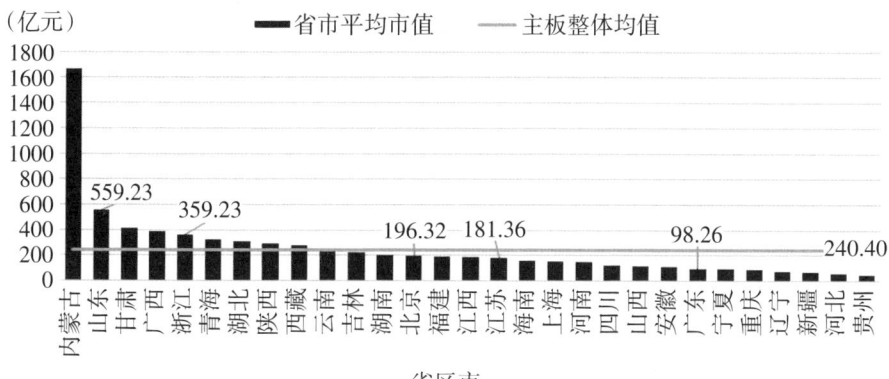

图 2-7 新材料概念主板上市公司平均市值

2. 中小板

全国共有 61 家中小板新材料概念上市公司，2021 年末的市值总规模达到 15939.07 亿元。其中浙江省 14 家，公司的市值总额为 2728.52 亿元，占比最高，达 17.12%；广东省 10 家，公司的市值总额为 2660.06 亿元，占比为 16.69%，位居第二；江西省 2 家，公司的市值总额为 2009.39 亿元，占比为 12.61%，位居第三。广东省的企业在中小板块整体表现出更大的影响力，明显要超过在主板的表现。

新材料概念中小板上市公司 2021 年末市值整体均值为 261.30 亿元（图 2-8），以整体均值为基准，天津市、江西省、四川省、北京市和广东省的中小板上市公司平均市值高于整体均值，其中广东省的上市公司 2021

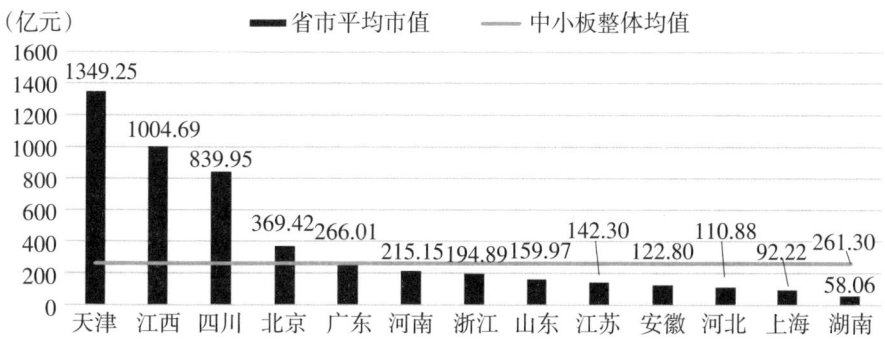

图 2-8 新材料概念中小板上市公司平均市值

年末的平均市值为 266.01 亿元，稍高于中小板整体均值，但距中小板新材料概念板块最高值有较大差距；位居中小板上市公司数量前列的浙江省、江苏省、山东省的上市公司平均市值均低于中小板整体均值，公司平均实力差异不大。广东新材料概念中小板上市公司的实力明显超过主板上市公司，存在倒挂现象。

3. 科创板

全国共有 36 家新材料概念科创板上市公司，2021 年末的市值总规模达到 4837.66 亿元。其中上海市 5 家，公司市值总额为 1085.21 亿元，占比最高，达 22.43%；江苏省 8 家上市公司的市值总额为 1073.92 亿元，占比为 22.20%，位居第二；陕西省 5 家上市公司的市值总额为 832.28 亿元，占比为 17.20%，位居第三；广东省 5 家上市公司的市值总额为 729.08 亿元，占比为 15.07%，位居第四。整体来看，广东的上市公司在科创板方面也具有一定的全国影响力。

新材料概念科创板上市公司在 2021 年末的市值整体均值为 134.38 亿元（图 2-9）。从各省的情况来看，湖南的上市公司虽仅有 1 家（金博股份），但市值达到 284.74 亿元，位居第一；新材料概念科创板上市公司数量位居前列的省份上海市、陕西省、广东省、江苏省的上市公司平均市值分别为 217.04 亿元、166.46 亿元、145.82 亿元、134.24 亿元，其中上海市遥遥领先，陕西省表现亮眼。而从科创板上市公司对技术密集要求更高的特点来看，广东省的上市公司规模要明显低于上海市，而与江苏省差异

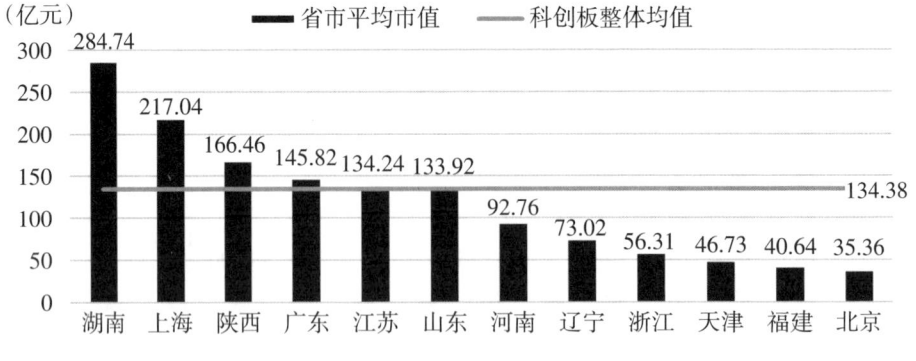

图 2-9 新材料概念科创板上市公司平均市值

不大，说明在企业的技术先进性方面，上海市明显普遍强于广东省、浙江省、陕西省；而内陆省份湖南省有一家企业夺得单项冠军，笔者推断该企业或具广泛的市场性，或有资源集中优势。

4. 创业板

全国共有 88 家新材料概念创业板上市公司，2021 年末的市值总规模达到 9087.31 亿元。其中江苏省 22 家，公司的市值总额为 1734.21 亿元，占比最高，达 19.08%；广东省 13 家，公司的市值总额为 1714.42 亿元，占比为 18.87%，位居第二；山东省 11 家，公司的市值总额为 1654.93 亿元，占比为 18.21%，排在第三位。广东新材料概念创业板上市公司整体表现出较强的影响力，具有一定的优势。

新材料概念创业板上市公司在 2021 年末的市值整体均值为 103.26 亿元（图 2-10）。从省份分布来看，以整体均值为基准，可分为高于及低于整体均值两类。高于整体均值的省份，如陕西省的上市公司平均市值为 263.62 亿元，位居全国第一。位居新材料概念创业板上市公司数量前列的广东省、山东省、浙江省，其上市公司的平均市值分别为 131.88 亿元、150.45 亿元、40.41 亿元。其中，浙江省的平均市值低于创业板整体均值；广东省和山东省的平均市值相差较小，但与陕西省有较大差距。考虑到创业板主要面向具有较强成长性和创新活跃性的中小企业，位于东部沿海地区的浙江省、江苏省、上海市的上市公司数量较多，它们以相对较小的规模实现创业板融资，这说明和其他省市相比，浙江省、江苏省、上海市的

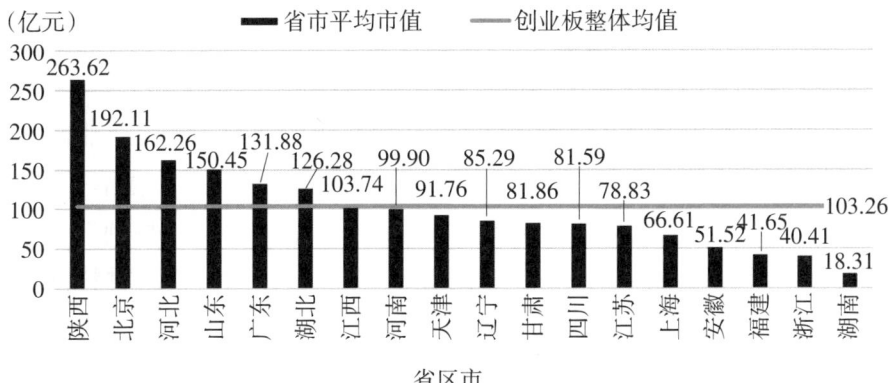

图 2-10 新材料概念创业板上市公司平均市值

新材料中小企业，更容易与以风险投资为代表的资本相结合，这意味着从整体上来看，东部沿海的资本市场发育更成熟，企业可以更为精准地获得资本的针对性扶持。而值得关注的是，广东省所表现出的资本市场优势和浙江省、江苏省、上海市等省市相比并不明显。

从新材料概念各板上市公司市值总值、均值以及背后所反映出的行业影响力横向比较可知，广东省的上市公司在主板的规模实力较弱，与山东省、浙江省、江苏省、北京市的公司存在一定差距，而广东省上市公司在中小板块的表现明显要超过主板，并且优于浙江省、山东省、江苏省的表现；广东省的上市公司在科创板、创业板的表现稍高于板块平均值，具有一定的影响力，但在市值规模、技术先进性方面仍低于上海及北京的公司，与江苏省、山东省的差异不大，所表现出的资本市场优势也不明显。而就自身在各板块的表现来看，新材料领域广东主板上市企业的行业影响力整体要弱于中小企业，大致沿主板、科创板、中小板、创业板依次提升。主板上市的大企业不大，规模实力不强；科创板上市的公司虽与其他省市相比差距不大，但在技术密集先进性方面，与国内先进水平有较大差距，中小板上市公司虽与省内其他企业相比实力较强，但从全国范围来看，优势一般；创业板二板市场上市的中小企业整体表现出较强的全国影响力。但从整体上来看，广东新材料概念板块大企业与中小企业存在倒挂现象，缺少大企业且实力不强，量大面广的中小企业是主体；在中小企业与资本结合的效率方面，广东省与东部沿海先进省市上海、江苏、浙江相比，又稍显落后。

（三）各板新材料概念上市公司效益情况

经营效益是指企业在生产经营过程中所获得的效益，反映企业产品适应市场需求与公司经营管理水平的综合经营成果。净资产收益率（ROE）是衡量企业经营效益的常用指标，笔者采用主板、中小板、科创板、创业板2019—2021年部分省市的平均净资产收益率指标来分析新材料概念上市公司的经营情况。其中，平均净资产收益率指标按每个省份各个公司的净利润总和除以平均股东权益总和计算得出。

1. 主板

从平均净资产收益率指标来看，2019—2021年新材料概念主板上市公司整体的平均净资产收益率分别为6.86%、8.40%、16.16%，净资产收益率表现出持续上升趋势，说明新材料概念主板上市公司的盈利能力、运营效益持续提高。主板新材料概念上市公司在2019—2021年的各省份平均净资产收益率的计算结果如图2-11所示。

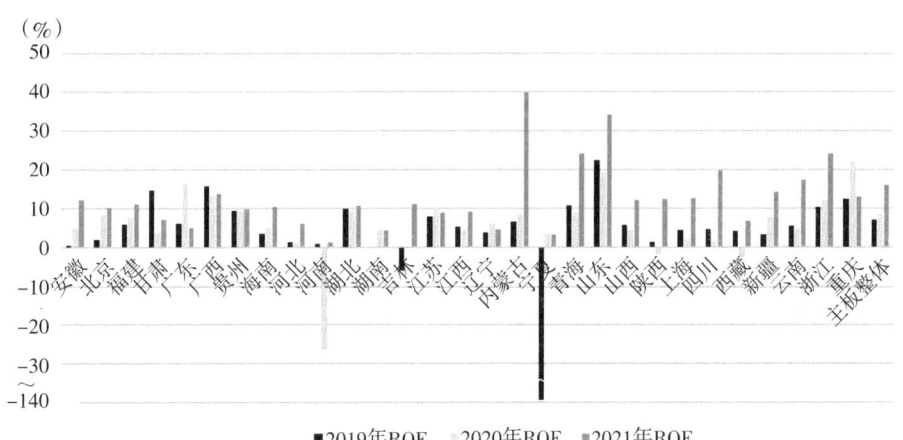

图2-11 2019—2021年各省份新材料概念主板上市公司净资产收益率

从省份分布来看，各省份平均净资产收益率指标表现出两极分化的情况。宁夏、河南的平均净资产收益率在2019年、2020年存在绝对值较大的负值，2021年虽转变为正值但不高，说明勉强实现扭亏为盈。而按降序排列，山东、浙江、江苏三省的上市公司经营效益表现最好，2019—2021年经营情况相当稳定，基本都高于整体平均水平。而广东省的上市公司在2019—2021年的平均净资产收益率波动较大，分别为6.18%、16.42%、5.00%，表现差于山东、浙江、江苏三省；而从趋势表现来看，也明显弱于广西、贵州、湖北、重庆等省市，也不像安徽、北京、福建、海南等省市那样稳步提升，收益率很不稳定，波动剧烈，呈先上升后又急剧下降的趋势，说明企业经营情况不稳定。特别是2021年末，平均净资产收益率与主板整体的平均净资产收益率相差了11个百分点，说明经营情况存在较大程度的下滑，这与新材料概念主板上市公司三年来经营效益稳定持续走高形成强烈对比。总之，广东新材料概念主板上市公司经营情况不稳定，反映受产品市场需求制约或产品更新换代能力不强，经营效益在全国处于中等或中等偏下位置。

2. 中小板

从平均净资产收益率指标来看，2019—2021 年新材料概念中小板上市公司整体收益率分别为 3.81%、9.90%、14.50%，净资产收益率表现为持续快速提升趋势。这说明整体来看，中小板新材料概念上市公司的盈利能力、运营效益不断增强。2019—2021 年各省中小板新材料概念上市公司营业平均净资产收益率的计算结果如图 2-12 所示。

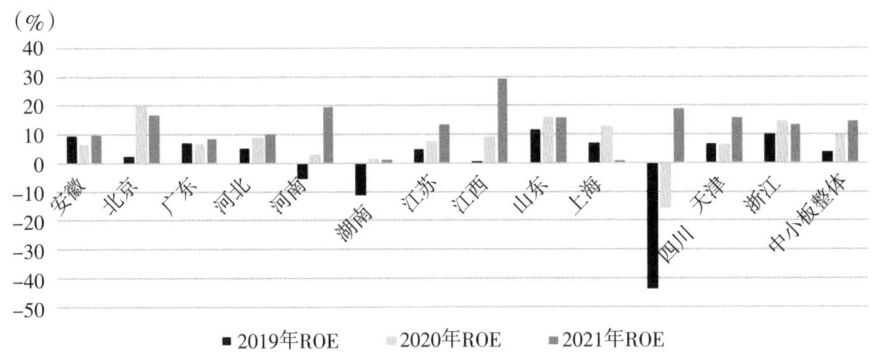

图 2-12　2019—2021 年各省份新材料概念中小板上市公司净资产收益率

从分布来看，各省份的平均净资产收益率波动差异较大。四川、河南省新材料概念中小板上市公司平均净资产收益率波动大，四川省平均净资产收益率在 2019 年和 2020 年为负值，2021 年转为正值；河南省的收益率在 2019 年为负值，2020 和 2021 年转为正值，实现扭亏为盈，变化幅度较大。位居中小板上市公司数量前列的浙江省、江苏省、山东省的平均净资产收益率水平要明显高于广东省。其中，山东省表现最好，均为全国最高水平；浙江省紧随其后；江苏省表现出持续改善的趋势；其他省市中，北京市、天津市的后发优势明显，而与安徽省、河北省相比差距不大。广东上市公司的经营效益情况大致位于全国第二梯队的下游，呈下滑趋势。广东省 2019—2021 年的平均净资产收益率分别为 7.10%、6.71%、8.68%，变化幅度不大，表现要好于新材料概念主板上市公司的情况；但值得注意的是，2019年广东省上市公司的净资产收益率高于中小板整体平均水平，但2020年、2021年均低于整体平均水平，而且与全国的平均水平差距持续拉大，与新材料头部三省山东、浙江、江苏的差距也在拉大。这表明，广东省仍需持续提升新材料概念中小板上市公司的经营管理水平，提高产品适应市场需求、更新换代的能力，以稳定或持续提高公司的盈利能力。

3. 科创板

从平均净资产收益率指标来看，2019—2021年，新材料概念科创板上市公司整体平均净资产收益率分别为13.08%、11.01%、11.57%，表现出先下降后小幅回升基本保持稳定的态势。科创板新材料概念上市公司在2019—2021年的各省份平均净资产收益率的计算结果如图2-13所示。

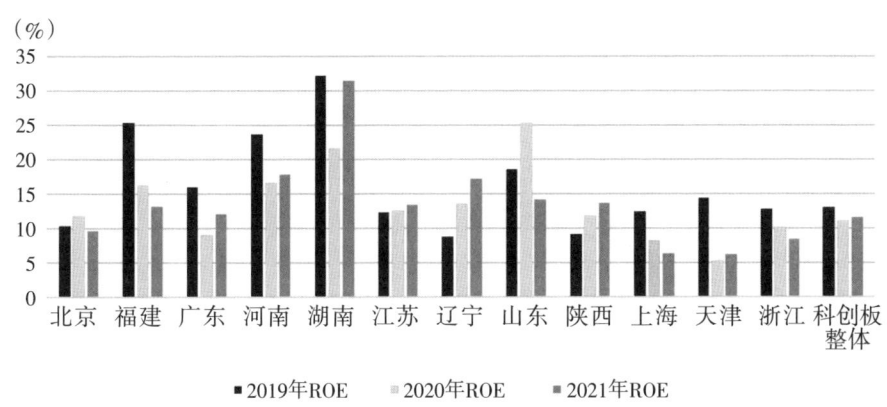

图2-13 2019—2021年各省份新材料概念科创板上市公司净资产收益率

从整体分布来看，各省份的平均净资产收益率差异要明显弱于主板、中小板，差距不大。湖南省的平均净资产收益率表现突出，2019—2021年均高于20%，这与湖南省上市公司的高市值表现一致。广东省的上市公司2019—2021年的平均净资产收益率分别为16.01%、8.99%、12.06%，和科创板整体平均净资产收益率相比，波动幅度大，其中2020年广东省上市公司的平均净资产收益率低于整体平均水平，2019年和2021年的平均净资产收益率高于整体平均水平，经营效益与处于第一梯队的湖南、福建、河南、山东四个省份相比差距较大，与江苏省差异不大，稍好于浙江省；辽宁省、陕西省的后发优势有所体现。笔者推断，广东新材料概念科创板上市公司大致处于全国第二梯队。

4. 创业板

从平均净资产收益率指标来看，2019—2021年新材料概念创业板上市公司整体的平均净资产收益率分别为7.47%、6.43%、10.60%，表现出先小幅下降后上升的发展趋势。2019—2021年各省份创业板新材料概念上市公司平均净资产收益率的计算结果如图2-14所示。

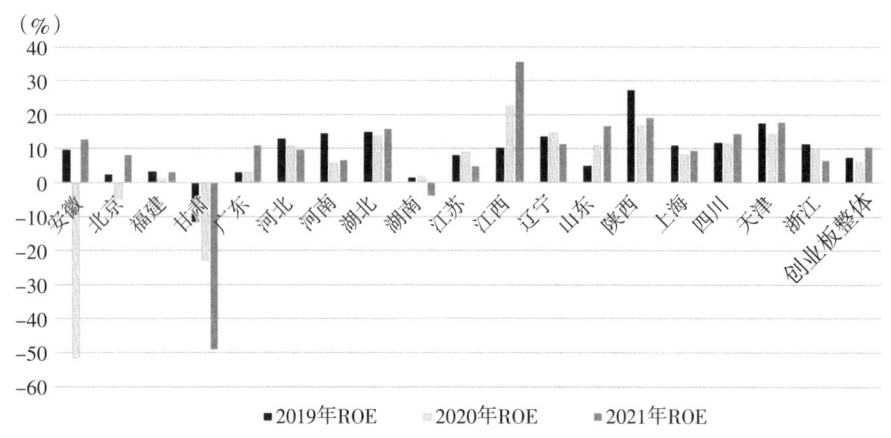

图2-14　2019—2021年各省份新材料概念创业板上市公司净资产收益率

从省份分布来看，与创业板上市不强调营利性特征一致，各省份的平均净资产收益率高低分化，这一特征较主板、中小板、科创板表现得更加明显。安徽省、北京市、甘肃省、湖南省的平均净资产收益率存在负值。江西省平均净资产收益率情况表现最好，2019—2021年分别为10.26%、22.51%、35.55%，呈持续快速提升态势。从图2-14可以看出，广东新材料概念上市公司的经营效益情况要明显弱于河北、湖北、江西、辽宁、山东、陕西、四川、天津八个省市；创业板上市公司数量最多的省份并不一定是经营效益最高的省份（除山东外），公认的新材料大省如江苏、浙江都出现了经营效益增长后继乏力的情况。2019—2021年广东省新材料概念创业板上市公司的平均净资产收益率分别为3.05%、3.13%、10.98%。2021年实现高速增长，实现平均净资产收益率由低于到达到创业板整体水平的转变，表现出一定的增长后劲。总体来看，广东省明显弱于山东省，与其他省市相比，优势表现也不太明显。

从新材料概念各板上市公司的净资产收益率指标（反映公司经营效益）来看，广东新材料概念各板上市公司的经营效益表现较为一般，与公司数量、市值均具有优势的省份相比，表现较弱且不稳定，广东省规模大企业相对中小企业的优势不算明显。总体来说，广东省上市公司的经营效益在主板的表现处于中等或中等偏下位置，经营情况不稳定，波动性较大；在中小板上市的公司虽波动较小，但表现为中等偏下，从全国来看优势并不明显；在科创板、创业板的表现都稍好于主板的情况，但整体比较平均，在全国的排名均不在前列，经营效益围绕平均水平上下波动，没有表现出太明显的优势。大致来看，广东省新材料概念上市公司经营效益的比较优势整体上按主板、中小板、创业板、科创板依次递升。而新材料产值方面，广东省各板上市公司的表现与新材料大省山东省相比均存在较大差距，在主板、中小板的表现也明显弱于江苏省、浙江省，而在科创板、创业板的表现与江苏省、浙江省差异不大。净资产收益率指标是产品适应市场需求程度与经营管理水平高低的综合反映。从趋势来看，广东新材料中小企业的素质优势要明显强于大企业；不过，广东中小企业在技术先进性、产品适应市场程度上在全国的优势还不太明显，各板块均与最高水平存在很大差距。整体来看，广东新材料概念上市公司的经营效益情况不大稳定，波动较大，这既反映了产品易受市场影响，也说明企业紧跟市场需求，持续进行研发投入，促进产品更新换代的能力不足。广东企业与山东的"大而强"相比差距明显，大企业在全国的比较优势要明显弱于中小企业，而中小企业整体上又与全国平均水平差距不大，这从另一个侧面揭示了广东新材料产业大而不强的现状。

（四）广东新材料概念上市公司地域分布

从新材料产业上市公司在广东各地的分布来看，深圳市新材料概念各板上市公司数量最多，有12家，其中包括4家主板上市公司、6家中小板上市公司、2家创业板上市公司，拥有绝对优势；广州市有5家，包括1家主板上市公司、1家中小板上市公司、2家科创板上市公司、1家创业板上市公司；东莞市有5家，均为创业板上市公司；佛山市也有5家，包括

3家主板上市公司、1家科创板上市公司、1家创业板上市公司；江门市有4家，其中1家中小板上市公司，1家科创板上市公司，2家创业板上市公司；汕头市有2家，其中1家中小板上市公司，1家创业板上市公司；韶关市有1家主板上市公司；清远市有1家中小板上市公司；梅州市有1家科创板上市公司；潮州市有1家创业板上市公司（表2-3）。从上市公司分布区域来看，珠三角地区的深圳、广州、佛山、东莞四个城市比较集中；位于珠三角外围的江门市，新材料发展基础也较强；而位于粤东的汕头市实力也不容忽视。

表2-3 广东新材料产业上市公司

证券代码	证券名称	证券板块	组织形式	城市	公司（中文名称）
603991.SH	至正股份	上交所主板	民营企业	深圳市	深圳至正高分子材料股份有限公司
603978.SH	深圳新星	上交所主板	民营企业	深圳市	深圳市新星轻合金材料股份有限公司
600525.SH	长园集团	上交所主板	民营企业	深圳市	长园科技集团股份有限公司
000055.SZ	方大集团	深交所主板	民营企业	深圳市	方大集团股份有限公司
300811.SZ	铂科新材	深交所创业板	民营企业	深圳市	深圳市铂科新材料概念股份有限公司
300568.SZ	星源材质	深交所创业板	民营企业	深圳市	深圳市星源材质科技股份有限公司
002625.SZ	光启技术	深交所中小板	民营企业	深圳市	光启技术股份有限公司
002341.SZ	新纶新材	深交所中小板	民营企业	深圳市	新纶新材料概念股份有限公司
002886.SZ	沃特股份	深交所中小板	民营企业	深圳市	深圳市沃特新材料概念股份有限公司
002163.SZ	海南发展	深交所中小板	地方国有企业	深圳市	海控南海发展股份有限公司
002130.SZ	沃尔核材	深交所中小板	民营企业	深圳市	深圳市沃尔核材股份有限公司

续表

证券代码	证券名称	证券板块	组织形式	城市	公司（中文名称）
002106.SZ	莱宝高科	深交所中小板	中央国有企业	深圳市	深圳莱宝高科技股份有限公司
600673.SH	东阳光	上交所主板	民营企业	韶关市	广东东阳光科技控股股份有限公司
300586.SZ	美联新材	深交所创业板	民营企业	汕头市	广东美联新材料概念股份有限公司
002167.SZ	东方锆业	深交所中小板	民营企业	汕头市	广东东方锆业科技股份有限公司
002988.SZ	豪美新材	深交所中小板	民营企业	清远市	广东豪美新材股份有限公司
688388.SH	嘉元科技	上交所科创板	民营企业	梅州市	广东嘉元科技股份有限公司
688148.SH	芳源股份	上交所科创板	民营企业	江门市	广东芳源新材料集团股份有限公司
300340.SZ	科恒股份	深交所创业板	民营企业	江门市	江门市科恒实业股份有限公司
300409.SZ	道氏技术	深交所创业板	民营企业	江门市	广东道氏技术股份有限公司
002600.SZ	领益智造	深交所中小板	民营企业	江门市	广东领益智造股份有限公司
688020.SH	方邦股份	上交所科创板	民营企业	广州市	广州方邦电子股份有限公司
688625.SH	呈和科技	上交所科创板	民营企业	广州市	呈和科技股份有限公司
600143.SH	金发科技	上交所主板	民营企业	广州市	金发科技股份有限公司
301131.SZ	聚赛龙	深交所创业板	民营企业	广州市	广州市聚赛龙工程塑料股份有限公司
002709.SZ	天赐材料	深交所中小板	民营企业	广州市	广州天赐高新材料概念股份有限公司
688268.SH	华特气体	上交所科创板	民营企业	佛山市	广东华特气体股份有限公司

续表

证券代码	证券名称	证券板块	组织形式	城市	公司（中文名称）
603725.SH	天安新材	上交所主板	民营企业	佛山市	广东天安新材料概念股份有限公司
300629.SZ	新劲刚	深交所创业板	民营企业	佛山市	广东新劲刚科技股份有限公司
001212.SZ	中旗新材	深交所主板	民营企业	佛山市	广东中旗新材料概念股份有限公司
000973.SZ	佛塑科技	深交所主板	地方国有企业	佛山市	佛山佛塑科技集团股份有限公司
300606.SZ	金太阳	深交所创业板	中外合资经营企业	东莞市	东莞金太阳研磨股份有限公司
301326.SZ	捷邦科技	深交所创业板	民营企业	东莞市	捷邦精密科技股份有限公司
300328.SZ	宜安科技	深交所创业板	地方国有企业	东莞市	东莞宜安科技股份有限公司
300410.SZ	正业科技	深交所创业板	地方国有企业	东莞市	广东正业科技股份有限公司
300716.SZ	国立科技	深交所创业板	外资企业	东莞市	广东国立科技股份有限公司
300408.SZ	三环集团	深交所创业板	民营企业	潮州市	潮州三环（集团）股份有限公司

注：表中出现的企业名称，下文均用简称。

主板上市公司与中小板上市公司相比，实力相对较强，主要分布于珠三角核心圈的深圳市、佛山市、广州市，珠三角外围的江门市，以及粤东的汕头市，粤北的韶关市、清远市；其中珠三角区域分布强度显著高于粤东、西、北。而成长性高、创新较活跃的创业板、科创板上市公司的地域分布也明显表现出同样的一致性特征。东莞市新材料创业板上市公司最多，这从一个侧面反映东莞市拥有强大的制造业基础能力、较高的中小企业素质及丰富的技术密集中小企业储备，与广州市、深圳市相比，不遑多让，后发优势突出。

从上市公司地域分布特征可以看出，位于珠三角地区的深圳、广州、佛山、东莞四个城市是广东新材料产业发展的重点核心区域，珠三角外围城市江门市也不容忽视。从广东新材料上市公司所有制类型来看，民营企业占绝对优势，地方国有控股公司的力量也不容忽视，表明民营企业发挥了重要作用，是广东新材料产业发展的主要力量。

第三章 广东新材料产业发展特征、问题及发展阶段

一、广东新材料产业发展特征

（一）广东省内地域分布广泛，集群发展态势明显

截至2022年，广东已建有国家级新材料产业基地2个（冠名新材料的广州新材料产业国家高技术产业基地以及包含新材料领域的深圳综合性国家高技术产业基地）、国家"火炬计划"特色新材料产业基地15个，共认定省市共建战略性新兴产业基地47个，其中包括深圳国家半导体照明基地、佛山光伏产业基地、顺德新型建材产业基地、梅州高新技术产业园区以及佛山不锈钢、陶瓷、铝材、模具、纺织、五金加工、平板（液晶）显示等14个材料产业名镇，广东新材料产业地域集聚发展态势明显。以这些新材料产业基地为基础，初步形成了一批特色鲜明的新材料产业集聚区。据广东省工业和信息化厅统计，截至2022年12月，广东先进材料产业集群规模以上企业有1.26万家，占广东规上工业企业数量的21.42%，其中化工行业6810家、建材行业2886家、有色金属行业923家、钢铁行业436家、先进材料领域国家制造业单项冠军企业23家、国家级专精特新"小巨人"企业93家，主要分布在广州、深圳、佛山、东莞、江门等市及顺德区，产业规模占全省的80%以上。而广东前沿新材料领域拥有高新技术企业2653家，5亿元以上企业131家，国家级专精特新"小巨人"企业36家，年产值超10亿元的"单项冠军"与行业骨干企业超48家。新材料中小民营企业分布广泛，广州、深圳、佛山、东莞、江门等市及顺德区的新材料产业在全省居于领先地位，五市一区新材料总产值占全省的四分之

三以上，是广东新材料产业发展的核心区与先导区。在地域分布上，不论是新材料产业发展规模还是技术发展水平，珠三角核心区与粤东、西、北区域呈明显落差，珠三角核心区新材料产业技术密集度高，前沿新材料领域明显处于更高发展水平，而粤东、西、北地区在稀土、无机非金属材料等特色资源领域有所发育。

广州新材料产业区域分布集聚明显，企业涵盖新材料所有领域，以先进石化化工新材料为特色主导，先进无机非金属材料、先进钢铁材料和先进有色金属材料共同发展，前沿新材料充分发育的格局已基本成形。在有机高分子材料及制品、先进金属材料、无机非金属材料、复合材料、电子信息材料、生物医用材料、清洁新能源材料等领域，已构建形成较完整的研发和产业体系，具有较强的研发和生产能力。在突破短板材料研发，以及高性能碳纤维T700技术、多层耐磨陶瓷薄膜技术、生物型硬脑（脊）膜补片及生物型胸外科补片等方面已达到国际领先水平，总体呈现"以黄埔区新材料产业国家高技术产业基地为龙头，广州多区共同发展的特点"。据了解，除越秀、海珠两区之外，其他行政区皆有新材料产业分布：黄埔区打造形成了以新型高分子材料、先进金属材料等先进基础材料为主导，电子信息材料、先进石化化工材料等关键战略材料为增长点，前沿新材料为发展新动能的产业发展格局；增城区重点发展先进有色金属材料，南沙区重点发展先进石化新材料，新材料基础较为雄厚，2020年产值规模分别达396亿元和300亿元，成为广州市新材料产业发展的第二梯队；花都、白云、番禺和从化四区的新材料产业规模也均超百亿元，已形成初具规模的新材料产业集群。据广州工信局2021年调查统计数据，广州新材料产业集群现有集群规上企业超过1000家、超亿元企业超过300家、集群"单项冠军"企业2家、集群高新技术企业超过300家，拥有17个国家级研发平台、153个省级研发平台、238个市级研发平台，形成了以龙头企业为引领，各类规模优势企业协同发展的态势；2020年广州新材料产值约为5400亿元。

新材料企业是深圳综合性国家高技术产业基地的重要组成部分。深圳新材料产业快速增长，主要包括新能源材料、电子信息材料、生物医用材料、先进金属材料、高分子材料、绿色建筑材料、前沿新材料等七大领域。目前深圳新材料领域规模以上相关企业超过500家，其中拥有国家级高新技术企业超过400家，新材料上市公司超过40家。深圳新材料产业规模持续扩大，创新能力稳步提升，应用水平显著提高，研发及产业化发展迅速，部分细分领域领跑全国，已然形成以企业为主体、市场为导向、产学研用相结合的新材料产业创新体系。目前深圳新材料领域以高校、科研机构为依托的创新载体达110多家，新材料创新基础设施平台初步成形，依托光明科学城、深港科技创新合作区和在深高校等重大科技基础设施和研究机构，统筹布局材料基因组工程、未来材料、前沿新材料等重大共性核心技术研究平台，组织重点新材料研发机构、生产企业和计量测试机构建立新材料测试评价联盟，建设新材料测试评价及检测认证中心、新材料产业资源共享平台。深圳电子信息材料形成了以主板、创业板、科创板上市公司为龙头，大量中小民营企业蓬勃集聚发展的电子新材料、光电材料集群；新能源材料方面，深圳拥有完整的充电电池产业链，既有专注锂电池正负极材料的，从事电解液的，也有深耕电池隔膜的，产业链涵盖了锂电池的四大主材，有深圳贝特瑞纳米科技有限公司（简称"贝特瑞"）、深圳新宙邦科技股份有限公司（简称"新宙邦"）、星源材质等企业代表，也有比亚迪股份有限公司（简称"比亚迪"）、中兴通讯股份有限公司（简称"中兴通讯"）、中国南玻集团股份有限公司（简称"南玻集团"）、欧菲光集团股份有限公司（简称"欧菲光"）、TCL华星光电技术有限公司（简称"TCL华星光电"）、新宙邦、深圳王子新材料股份有限公司、先健科技（深圳）有限公司、深南电路股份有限公司（简称"深南电路"）、日东电子发展（深圳）有限公司等上市公司。区域布局上，深圳市大力推进光明区建设技术创新加速转化示范区和新材料应用示范区，宝安区建设半导体关键材料核心区，龙岗区建设低碳材料核心区，坪山区建设新能源材料核心区，罗湖区建设金属和绿色建筑材料创新总部区，深汕特别合作区建设高端电子化学品园区，新材料产业特色园区发展迅速；涌现出一大批在全国乃至全球具有竞争力的企业、专精特新"小巨人"企业及初创企业，在新能源材料、电子信息材料等领域产业集聚效应显著。生物材料虽有集聚，但规模还不大。2020年深圳新材料产业总产值达2950亿元，2021年产业总产值增至3274亿元。

材料产业一直是佛山市的三大支柱产业之一，基础雄厚。佛山新材料产业发展更多地表现出依靠金属制品、化工、纺织、机械装备等传统产业的特征，佛山特色明显，在电子信息材料、先进复合材料、新型功能材料、高性能结构材料、新型建筑材料、化工新材料、生物医用材料、新能源材料八大领域已形成集聚效应。其中先进陶瓷材料、生态环境材料、智能材料、纳米材料四大领域颇具特色，庞大的材料产业规模为佛山新材料产业发展提供了广阔的应用需求。佛山材料产业在全国占据关键地位，是全国最大的铝型材和建筑陶瓷材料生产、研发和营销中心，全国最大的不锈钢制品生产、加工和营销中心，也是全国最大的以包装膜、偏光膜和功效膜为代表的优异高分子材料研发和生产基地。据统计，佛山铝型材产量约占全国的40%，陶瓷色釉料产量占全国的50%，不锈钢产量约占全国的35%，小五金产品产量占全国的20%以上，化纤产量占全国的16%，优异塑料管和薄膜产量占全国的25%，电热及温控附件产量占全国的40%，照明灯具产量占全国的40%。南海区以佛山国家高新区广东省新材料产业基地为核心，新型显示材料、新能源材料、功能陶瓷材料和纳米材料等新材料产业发展迅速；顺德区在金属材料、精细化工材料和复合材料方面发展势头迅猛，被中国石油和化工协会授予"中国涂料之乡"称号；高明区和三水区在电子信息材料、光伏材料、医疗器械材料方面形成了一定的产业集聚效应，拥有澜石中国不锈钢名镇、石湾中国陶瓷第一镇、大沥中国铝材第一镇、容桂中国模具重镇、西樵中国纺织产业基地、勒流中国五金加工基地、狮山中国平板（液晶）显示基地等14个材料产业名镇与高明沧江工业园国家"火炬计划"新材料产业基地。经过多年的艰苦努力与发展，佛山新材料产业研发创新基础平台设施水平持续提升，以2个国家级企业技术中心，1个国家高新技术产业孵化器，1个广东省实验室——季华实验室（先进制造科学与技术广东省实验室），20个广东省工程技术研发中心（包含铝材、汽车配件、建筑特种陶瓷、塑料稀土助剂），16个市级工程技术研发中心与佛山26家新型研发机构（含佛山〔华南〕新材料研究院、佛山仙湖实验室、佛山市中国科学院上海硅酸盐研究所陶瓷研发中心、佛山市高明区〔中国科学院〕新材料专业中心）为核心集聚创新资源，促进成果转化，为佛山传统材料产业注入新动能，赋能中小企业，不断完善产业创新体系。

东莞市的制造业规模庞大,对材料产业需求旺盛,推动新材料产业形成了第三代半导体材料、新能源材料、电子化学品、光学材料等特色鲜明的四大重点领域。2019年,东莞新材料高新技术企业工业总产值达1569.94亿元,成为东莞市第三大先进制造业;新材料领域高新技术企业数量达1359家,其中规模以上高新技术企业857家。东莞市的新材料企业主要分布于区域的南北两端,分别邻近深圳和广州。除莞城街道以外,东莞大部分镇街园区均有新材料领域高新技术企业分布。其中,长安镇、凤岗镇、麻涌镇、塘厦镇、松山湖园区等5个镇和园区的新材料工业总产值超过百亿元。东莞全市新材料领域高新技术企业数量最多的是常平镇,产值最大的是长安镇。在新材料四大重点领域,东莞市培育涌现出一批行业龙头企业:第三代半导体材料领域,培育出国内首家氮化镓衬底材料生产商——东莞中镓半导体科技有限公司(简称"中镓半导体")、国内首家碳化硅外延片生产商——广东天域半导体股份有限公司(简称"天域半导体")、全球最大的图形化蓝宝石衬底材料供应商——广东中图半导体科技股份有限公司(简称"中图半导体");新能源材料领域,东莞已形成规模较大的锂离子电池制造产业,上下游企业1300多家;电子化学品领域,围绕华为、欧珀和维沃三大龙头企业布局,产品涉及覆铜板材料、光学材料等,有国内最大的覆铜板生产商——广东生益科技股份有限公司(简称"生益科技");在先进金属材料领域,拥有国内规模最大的液态金属生产商——宜安科技。为提升东莞新材料全链条创新能力,发展成为有国际影响力的新材料研发南方基地,2018年东莞建立战略性科研平台——松山湖材料实验室,依托松山湖材料实验室强大的科研与成果转化能力,重点发展电子材料、先进金属材料、高分子材料、新型复合材料、医用材料、新能源材料、新型半导体材料、超导材料等产业;2021年松山湖东部工业园启动建设新材料产业基地,打造新型半导体材料和电子新材料集聚区。

作为粤港澳大湾区重要节点的惠州,致力建设成国内一流城市,经济一直以工业为主,"2+1"现代产业体系建设与聚力打造"3+7"工业园区是惠州推动经济高质量发展的抓手。"2+1"产业是指石化能源新材料产业、电子信息行业和大健康产业。惠州仲恺国家级高新区在电子信息产业领域的智能终端、超高清视频显示、新能源等三大支柱产业均形成完备的产业链和供应链，集聚了一大批企业，是全国移动智能终端重要的生产基地和配套产业集聚区之一，也是国内重要的电子信息产业基地及全球重要的高能环保电池生产基地。研发公共平台与创新公共基础设施不断完善，龙头大企业带动是其突出特征。惠州电子信息产业发展为上游以印制线路板（PCB）为代表的电子材料提供了巨大需求，集聚了一批电子材料供应企业。2020年统计数据显示，惠州全市有各类PCB企业（包括PCB制造企业和PCB设备、材料等上下游企业）超过110家，整个行业产值超过350亿元。新型显示产业在本土龙头大企业TCL集团的带动下，实现了从上游显示玻璃、中游溅射靶材等显示产业关键部件与材料、AMOLED面板到下游模组整机一体化的半导体显示上下游产业链全覆盖，形成全国配套最齐全的"基板—面板—液晶模组—整机"全产业链发展集群，是全国显示产业链、LED产业链最完备的区域之一。新能源产业链方面，仲恺东江高新科技园新材料领域锂离子电池及材料、电子材料与新型显示及照明产业形成集聚效应，已具有较大的产出规模，其中园区锂离子电池及材料具有优势，主要涉及锂电池和太阳能电池两类。其中，动力储能电池在国内已处于第一阵营，消费电池已成功进阶国际一流。围绕本土新能源电池龙头大企业亿纬锂能、德赛电池等，已集聚的配套相关企业有数十家，涵盖新能源电池的镍氢可充电电芯、锂离子可充电电芯、基膜、功能膜等锂离子电池湿法隔膜的材料生产，以及生产设备、产品设计等细分领域。位于惠州大亚湾石化区的石化产业基地多年来一直是惠州传统石化产区和工业重镇，目前已落户项目91宗，总投资约2300亿元，其中世界五百强及行业领先企业投资占比90%，壳牌、埃克森美孚、巴斯夫、科莱恩、三菱化学、LG化学、恒力等一批世界知名化工企业进驻；2020年实现炼油2200万吨、乙烯220万吨生产能力，炼化规模居全国第一；综合实力连续7年位居中国化工园区前列，其中2019年、2020年在"全国化工园区30强"排名榜上名列第一。惠州以大亚湾石化区为龙头，积极延链补链，推进建设世界级万亿石化能源新材料产业集群。2019年7月，惠州在距离大亚湾石化区直线距离仅10千米的惠东县境内划出30.2平方千米，规划建设惠州新材料产业园，联手大亚湾石化区，实现原料供应"就地取材、隔墙供应",发挥港口优势,引进聚集企业,形成上下游互补的石化产业链。新材料园区被惠州列为规划建设的7个千亿级工业园区之一,计划用10年时间再造一个新的石化新材料产业增长极。惠州新材料产业园规划建设指挥部已在白花镇揭牌成立,计划建设惠州新材料产业园"一个平台"——新材料创新和中试平台,形成新材料自主创新能力;"四个产业片区"——化工新材料区、合成材料区、精细化工区和先进有机原料区;"六大产业板块"——先进有机原料和合成材料、汽车轻量化材料和包装材料、新能源材料、电子化学品、精细化工及日用化学品、前沿新材料。利用大亚湾石化区原料、生产战略性新兴材料和高端新材料,加快发展先进合成材料和超前布局前沿新材料,引进国内外具有先进技术的企业落户,最终打造成为国内一流新材料产业基地及粤港澳大湾区新材料科技创新基地。

珠中江经济圈包括珠海、中山和江门三市。2018年珠海新材料产业规模达300亿元,新材料企业约有500家,其中规模以上企业约有100家。珠海新材料产业具有两个明显特征:上下游联动协同发展,是细分领域的"隐形冠军";与珠海着力发展的四大主导产业之一的集成电路产业联系紧密的第三代半导体材料、电子新材料和电子化学品的发展具有明显优势,在新能源材料、生物医用材料等领域已有坚实基础。珠海高新区与位于金湾区的第一批国家级绿色新材料产业园为珠海新材料产业集中发展区域,也是珠海培育新材料千亿级产业集群的核心区域。特种聚氨酯、聚苯乙烯、可降解塑料、电子级环氧树脂等一直是珠海新材料制造传统优势领域。珠海集成电路芯片产业发展由来已久,经过三十多年发展,珠海已聚集100多家集成电路上下游企业,建立了珠海南方集成电路设计服务中心与珠海先进集成电路研究院创新公共平台,产业总规模位列全国前十,虽然规模不大,但后发优势明显,具有"打造我国集成电路第三极"的实力,集成电路上市公司5家(非新材料)。珠海在蓝牙TWS芯片、打印耗材芯片、电源管理芯片、封装基板等多个细分领域居于国内领先地位。产业链联动带动半导体材料制造业、生产制造和封测产业的加速发展。珠海也是广东新能源材料发展当中的重要一环,在动力类锂离子电池、储能电池领域基本形成了从上游电解液、隔膜材料、正极材料、制造设备,到电池组件的产业链条,已拥有16条锂电池隔离膜湿法生产线,是全球最大的锂电池隔离膜制造基地。在光伏领域,聚焦高效大尺寸光伏硅片的研发制造,掌握大尺寸、薄片化等方面多项核心技术,系统构建起从硅片到电池且向组件延伸的产业体系。而位于金湾区珠海国际动力港的国家新能源汽车动力电池及电驱动系统质量监督检验中心(广东),是华南唯一动力电池及电机检测全覆盖的国家级检测平台。

江门新材料产业以新能源电池材料、石化新材料、先进金属材料、现代建筑材料、电子信息材料、前沿新材料为主,2020年新材料产业规模接近700亿元,位于新会区古井镇的珠西新材料集聚区是发展的核心区域。江门是广东省新能源电池核心原材料重要生产基地,在该领域拥有扎实的发展基础,特别是在正极材料领域优势明显。位于新会区的珠西新材料集聚区,致力建设绿色创新型新材料产业高地,近年来培育成长起来一批以创业板、科创板(芳源、道氏、威立雅、恒创睿能)上市公司为核心引领,中小民营企业围绕的新能源电池材料公司,以及以福斯特、东洋油墨、赞宇科技、巴德富、苏博特、江门制漆等为代表的新材料企业,产业链初具规模。江门高新区(江海区)具有绿色光源材料、能源电池材料发展基础,初步汇聚了以科恒实业、优巨先进新材料为代表的新材料企业群体。在合成纤维材料领域,鹤山拥有"国家'火炬计划'江门(鹤山)新材料产业基地",并引进香港信义集团投资建设鹤山玻璃产业基地,发展先进高端的玻璃深加工配套产业,加速构建节能环保玻璃产品的上下游产业链,在鹤山打造年产值超200亿元的节能玻璃特色产业园,已经在国内形成颇具影响力的产业聚集。

粤东、西、北发展起来的以特色资源优势为基础的新材料基地,资源与区位发展特征明显。先进有色金属材料是肇庆传统优势产业,2006年,肇庆高新区被授予国家"火炬计划"金属新材料基地,经过多年的发展,已成为粤港澳大湾区先进金属制造基地。而肇庆亚洲金属资源再生工业基地则是经广东省人民政府批准的唯一一家金属资源再加工基地。肇庆高新区积极依托既有优势产业,发展电子材料、新型电子元器件,近年来积极引进新能源汽车项目,围绕新能源汽车发展新能源动力锂电池材料。汕头新材料产业已初步形成规模效应——2020年规上企业总数49个,规上企业总产值达140亿元,培育了一批在新材料产业细分行业领域具备全国竞争力和影响力的龙头企业。广东光华科技股份有限公司(简称"光华科技")电子级氧化铜市场占有率全国第一,汕头万顺新材集团股份有限公司(简称"万顺新材")是国内规模最大的功能膜生产商,广东美联新材料股份有限公司(简称"美联新材")是国内最大的塑料色母粒生产商,东方锆业是全球品种最齐全的锆制品专业制造商之一。

此外,以惠州大亚湾中海油石化、茂名石化、广州石化、珠海高栏港石化、湛江东海岛石化基地、揭阳大南海石化基地以及汕头海洋集团等为依托,沿广东东西海岸线基本形成了广州—惠州—茂名—湛江—揭阳—汕头石化高分子材料、精细化工产业带,逐渐形成炼化、基础化工、合成材料、精细化工等产业链一体化发展格局。广东沿海石化产业经济带基本成形,成为我国重要的石化基地之一。2019年,广东全省石化产业集群的规上企业超过6800家,主营收入达1.46万亿元,居全国前三;工业增加值达3393亿元,利润总额达820亿元,实现纳税898亿元,拥有五大炼化一体化基地、一个精细化工基地和若干化工园区。广东沿海石化产业带是广东省培育绿色石化产业集群的重点区域。

广东省政府基于粤东、西、北特色资源优势与珠三角产业转移,推进建设的韶关金属材料、清远光电子材料、汕头可降解环保材料、梅州稀土材料、惠州新型化工材料等省市共建的新材料产业基地已有一定规模。总体上来看,这些产业基地或园区还不能与广州、深圳、佛山、东莞的新材料产业规模体量相比,基地产业同质化问题仍较突出,企业间成熟的专业化分工和差异化经营格局尚未形成,集群优势还不明显,对地方经济和相关产业的辐射带动作用还有待进一步发挥。

(二)新材料各领域成长起一批骨干支柱领军企业,但大规模及龙头骨干企业占比不高

经过多年的培育与成长,广东新材料领域涌现了一批技术水平高、创新能力强的行业龙头骨干领军企业,这些企业不仅具有在国内乃至国际市场上的优势地位和竞争能力,而且发展速度快,盈利能力强,对各自的行业领域的发展和产业的整体发展起到一定的带动和支撑作用。数据统计显

示，广东新材料概念板块拥有 19 家在沪深主板与中小板上市公司，不限于广州天赐、金发科技、至正股份、长园集团、东方锆业、豪美新材、天安新材等，还可扩展包括深圳市中金岭南有色金属股份有限公司（简称"中金岭南"）、广晟有色金属股份有限公司（简称"广晟有色"）等省属综合型国企集团公司，以及 13 家创业板、4 家科创板上市公司。此外还有如 TCL、比亚迪股份等综合性民营集团公司，这些公司构成了广东新材料产业龙头和骨干企业，也当仁不让地成为拓展广东产业发展边界的主力军。新材料骨干企业的带动作用明显，对产业发展和上下游产业链条的聚集起到了显著的主导作用。

电子新材料与电子化学品是电子信息产业的基础，在平板显示、新型照明半导体材料、新型能源半导体材料、光通讯材料、电子材料与元器件领域有广泛的应用。在电子信息产业领域，广东发展培育了一批电子新材料与电子化学品骨干企业。在液晶面板显示领域，TCL 科技为全球半导体显示龙头之一，已建和在建的生产线共有 6 条，TCL 华星光电、华显光电产品覆盖大、中、小尺寸面板及触控模组、电子白板、拼接墙、车载、电竞等高端显示应用领域。还拥有天马微电子股份有限公司（简称"深天马"），生产了全球近半数 OLED 电视面板的制造商——乐金显示（广州）有限公司，穿戴式产品 AMOLED 的生产商——信利（惠州）智能显示有限公司，以及电子级 PI 膜厂家——深圳丹邦科技股份有限公司（简称"丹邦科技"），OLED 升华材料（空穴传输层、电子传输层）中间体厂家——广东阿格蕾雅光电材料有限公司等骨干企业。电子材料与元器件领域，广东风华高新科技股份有限公司是目前国内片式无源元件行业规模最大、元件产品系列生产配套最齐全、具有国际竞争力的电子元件企业，拥有完整的从材料、工艺到产品大规模研发制造的能力，具备为全球客户提供整体配套及一站式采购服务的能力和解决方案。鹏鼎控股（深圳）股份有限公司是目前全球最大的 PCB 生产企业，深南电路致力于"打造世界级电子电路技术与解决方案的集成商"，在背板、高速多层板、高频微波板等各种中高端 PCB 加工工艺方面综合技术能力领先，已成为全球领先的无线基站射频功放 PCB 供应商以及国内领先的处理器芯片封装基板供应商。深圳容大感光科技股份有限公司已发展成为 PCB 感光油墨、光刻胶及配套化学品、特种油墨三大系列多种规格电子化学产品供应商,被工业和信息化部认定为专精特新"小巨人"企业。潮州三环主要从事陶瓷类电子元件及其基础材料的研发、生产和销售,包括通信部件、半导体部件、电子元件及材料、压缩机部件等产品以及新材料的生产和研发;主导产品从最初的单一电阻发展成为目前包括光纤陶瓷插芯及套筒、陶瓷封装基座、MLCC、陶瓷基片在内的多元化的产品结构,其中光纤连接器陶瓷插芯、氧化铝陶瓷基板、电阻器用陶瓷基体等产销量均居全球前列。作为生产显示面板的重要材料,ITO导电玻璃具有优良的导电性、透光性,主要产品包括LCD-ITO导电玻璃、OLED-ITO导电玻璃、触摸屏TP-ITO导电玻璃等,被广泛应用在显示面板生产中,是电子信息产业发展不可缺少的重要材料。广东拥有的大型ITO玻璃生产厂家有深圳南玻显示器件科技有限公司(简称"深圳南玻")、莱宝高科等。莱宝高科和深圳南玻批量生产STN用彩色滤光片;深圳深纺乐凯光电子材料有限公司和佛山伟达光电材料有限公司,批量供应TN用偏光片和部分STN用偏光片。在掩膜板上,深圳清溢光电股份有限公司、深圳美精微光电股份有限公司、深圳路维电子有限公司等能供应各种铬板型掩膜板及其他配套材料。在集成电路和半导体关键材料晶圆制造领域,广东已实现规模化量产,有一条12英寸生产线(粤芯半导体股份有限公司,简称"粤芯半导体")和一条8英寸生产线(中芯国际集成电路制造[深圳]有限公司,简称"中芯国际")。粤芯半导体是广东省本土自主创新企业,也是目前粤港澳大湾区首家且唯一进入量产的12英寸晶圆制造企业。而中芯国际正在推进的12英寸集成电路生产线项目则给广东带来了28nm工艺。广州南沙晶圆半导体技术公司聚焦于碳化硅单晶材料与晶片各类衬底片和外延片生产制造,珠海英诺赛科是国内最先实现硅基氮化镓器件量产的IDM企业,在珠海建成投产全球首条8英寸硅基氮化镓生产线,未来镓在化合物半导体制造领域将处于国内领军地位;珠海越亚在国内集成电路封装基板领域居于领军地位;珠海艾派克微电子有限公司是基于国产CPU的打印机主控SoC芯片和打印耗材SoC芯片,以及工业级通用MCU芯片和工业物联网系统级安全SoC芯片的最大芯片供应商;广东东莞生益电子成为覆铜板、半固化片、绝缘层压板、金属基覆铜箔板、涂树脂铜箔、覆盖膜类等高端电子材料供应商,其中硬质覆铜板销售总额已持续保持全球第二。

广东拥有完整的中游炼化一体化与下游精细化工和化工新材料绿色石化产业链，高分子材料广东规模以上塑料制品企业约占全国的20%。经过多年的发展，广东拥有专业从事功能性高分子材料在细分应用领域的材料改性与制品生产的主板上市公司——深圳至正，国内最大的热缩材料和高分子PTC制造商——长园科技。广东是中国改性塑料产业的重要发源地和应用市场，既有像金发科技这样产品品类全、产量巨大的行业巨头，也有像沃特股份、聚赛龙这样规模较大、具有行业或者区位优势的上市企业，还有像广东聚石化学股份有限公司（简称"聚石化学"）、广东奇德新材料股份有限公司（简称"奇德新材"）这样以某个特性品类或者某个市场为竞争优势的特性企业；除此之外，还有SABIC、LG化学等众多外资企业，以及包括国内最大的塑料包装材料企业（广东德冠薄膜新材料股份有限公司，简称"德冠薄膜"）、亚洲最大的塑料饮料瓶和啤酒瓶企业（珠海中富实业股份有限公司）在内的一批大型、超大型塑料加工企业；以广州市华南橡胶轮胎有限公司为龙头的橡胶制品产业，以广东华润涂料有限公司、珠江化工集团、嘉宝莉集团、广州秀珀化工有限公司为代表的涂料产业，以在国内排名靠前的广东联塑科技实业有限公司（简称"联塑科技"）、顾地科技股份有限公司（简称"顾地科技"）、广东雄塑科技集团股份有限公司（简称"雄塑科技"）、日丰企业集团有限公司（简称"日丰公司"）、阿波罗（中国）有限公司等企业为代表的化学建材产业，以佛山塑料集团、德冠薄膜等企业为代表的塑料薄膜产业，以新会美达锦纶股份有限公司、联新（开平）高性能纤维有限公司、珠海醋酸纤维有限公司、巨正源股份有限公司等为代表的合成纤维龙头企业。

广东已经形成具备技术优势的新能源材料产业集聚区，并在产业链关键环节拥有一批国内外知名企业。在动力电池和光伏新能源材料领域涌现了一批优质创新企业。新能源电池正极材料方面，有深圳天骄科技有限公司、贝特瑞、广东邦普循环科技有限公司、江门优美科长信新材料有限公司、芳源环保（惠安）有限公司、科恒实业、道氏技术、光华科技、广州鸿森材料有限公司等；负极材料方面，有广东凯金新能源科技股份有限公司、江门荣炭电子材料有限公司；从上游电解液、隔膜、正极材料、制造设备到电池组件,拥有广州天赐材料、深圳新宙邦、深圳星源材质、珠海冠宇电池股份有限公司、珠海赛纬电子材料股份有限公司、东莞杉杉电池材料有限公司、东莞卓高电子科技有限公司等企业,以及在珠海、惠州、江门、肇庆等地建立的生产制造基地。而在光伏领域构建起了从硅片、单晶硅、多晶硅到电池,并向组件延伸的完整体系,代表企业有深圳拓日新能源科技股份有限公司、高景太阳能股份有限公司、广东爱旭科技有限公司、深圳市兴业卓辉实业有限公司等。

广东远景稀土资源储量居全国前列,种类齐全且以离子型稀土为主,锗、碲、铌、钽、硒、钨、钼、锆等资源也较为丰富,并培育出一批涉及领域广、竞争力强的稀有稀土新材料龙头企业。稀土储氢材料企业有四会市达博文实业有限公司、中山市天骄新能源有限公司等,稀土磁性材料企业有肇庆三环京粤磁材有限责任公司、江粉磁材股份有限公司、梅州梅磁磁性材料有限公司、广东广晟智威稀土新材料有限公司等,稀土发光材料企业有江门市科恒实业股份有限公司、佛山市南海区朗达荧光材料有限公司、佛山市南海新长基照明材料有限公司等,稀土稳定剂、助剂企业有广东炜林纳新材料科技股份有限公司、广东广洋高科技股份公司等,钽、铌新材料企业有肇庆多罗山电子材料有限公司、从化钽铌冶炼厂、广晟有色等,钨新材料企业有潮州翔鹭钨业有限公司、河源富马硬质合金股份有限公司、深圳市金洲精工科技股份有限公司等,锆新材料企业有东方锆业、鹤山市华旺精细化工有限公司等,铟、锗、硒、碲新材料企业有中金岭南、清远先导材料有限公司、佛山市钜仕泰粉末冶金有限公司等。

玻璃产业有中国南玻集团股份有限公司、信义玻璃控股有限公司、深圳海控南海发展、广东金刚玻璃科技股份有限公司、格兰特工程玻璃(中山)有限公司、广东江门浮法玻璃企业(集团)公司等。铝型材产业有广东兴发铝业有限公司、广东凤铝铝业有限公司、广东坚美铝型材厂(集团)有限公司、肇庆亚洲铝厂有限公司以及台山市金桥铝材公司等。镁加工产业以深圳富士康集团、嘉瑞集团有限公司、东莞市易安科技有限公司为首。随着生物医学和材料技术不断进步,市场需求快速增长,广东医用生物产业保持了较快的发展势头,医用生物材料骨干企业快速发展。润和生物医药科技(汕头)有限公司是全球最大的生物试剂NC膜供应商,深圳聚生生物科技有限公司、深圳兰度生物材料有限公司、珠海丽珠医用生物材料有限公司、广州冠昊生物科技股份有限公司等企业成为这一领域的龙头企业。

广东新材料产业也涌现出一批包括铂科新材、星源材质、美联新材、科恒股份、道氏技术、聚赛龙、嘉元科技、方邦股份、呈和科技、华特气体、新劲刚、金太阳、捷邦科技、正业科技、国立科技、韶关东阳光、美联新材、嘉元科技、潮州三环等在内的创新能力较强的创业板、科创板上市公司。据不完全统计，2021年广东有34家新材料企业如东莞长联新材料科技股份有限公司、广东国华新材料科技（肇庆）股份有限公司、东莞市雄林新材料科技股份有限公司、广东阿格蕾雅光电材料（顺德）有限公司、广东顺德顺炎新材料有限公司、佛山金万达科技股份有限公司、广州仕天材料科技有限公司、广东泛瑞新材料（清远）有限公司等企业获得国家级专精特新"小巨人"称号，其中东莞8家、广州7家、佛山5家、韶关5家、肇庆2家、惠州2家、中山1家、揭阳1家、珠海1家、清远1家、汕头1家。从地域分布来看，这些企业主要位于珠三角地区且集中于深圳、广州、佛山、东莞等核心区。

广东新材料领域缺少超大规模企业，大型企业的数量也不多，从主板上市公司的数量与规模实力来看，在全国不占优势，中小板、创业板上市公司的数量与规模在全国的优势有所增强。整体来看，和先进省份相比，广东新材料产业总体上企业体量规模还偏小，有年产值超过百亿元的企业但不多，表现明显弱于江苏、浙江等省份，具有"多、小、散、慢"的特点；在高性能复合材料、工程塑料、集成电路产量、生物基材料、高品质金属材料等关键重点领域，上海、江苏、浙江、山东等新材料大省拥有全国领军龙头企业，广东与其相比，不论是体量规模还是发展水平，都还存在较大的差距。广东新材料产业年产值超过10亿元的企业所占比重也不大，以年产值亿元左右的中小企业为主体，这说明广东市场机制比较成熟，中小企业有着良好的发育发展环境，以专注于新材料各领域细分市场"隐形冠军""小巨人"型企业为突出特征。不过，偏重于细分市场产品的竞争者，还需不断拓展市场应用规模，不论是具有大规模市场特征的通用型新材料产品，还是进行市场渗透整合，具备持续提高产品线宽度以形成产品族能力的新材料骨干企业的数量还远远不足。

(三) 新材料各门类产业链条完善程度发育不均衡,新兴门类综合配套支撑能力有所提高

经过多年的发展与努力,广东新材料产业先进材料发展在电子信息半导体材料、新能源材料、改性塑料等一些新兴门类领域由于受到政府的大力支持与社会的关注,产业链的上下游延伸布局已基本成形。不过,新材料各门类之间产业链成熟度的发育情况有所差异,一些新兴门类发展较为迅速,产业链发育已基本完整,初步建立起发展优势并在全国获得了一定的影响力,综合配套支撑能力也有了很大改善;但还有若干门类或领域,如集成电路制造、金属材料、稀土材料等,由于发展基础薄弱及历史原因,产业链尚待培育完善,链条环节空缺现象仍比较突出,在全国发展格局中的位置变化不大,还有一些门类如石墨烯、生物医学材料等前沿材料仍在继续边缘化。总之,广东新材料产业先进材料存在的优势与劣势都十分明显。

沿着我国漫长的海岸线以及国家炼化基地,广东布局的先进高分子材料产业已经建立起完整的产业链条(石油化工—合成树脂—改性塑料—塑料助剂—塑料加工—塑料机械—制品应用—再生塑料),且石化产业链延伸至精细化工门类,如日用化工、涂料等后端环节。从历史上来看,广东日用化工、涂料的发展就颇为成熟,品牌运作能力、市场控制力与新品推出能力一直都很强大。总体来看,广东先进高分子材料产业链条各环节发育成长情况较为平衡,其中制品应用环节最为发达,各环节间的产值规模及企业规模体量分布也较为均衡,差距不大,产业链结构呈较为明显的以大企业为中心的卫星式结构特征。与此同时,广东先进高分子产业链条各环节产品门类都有发育,实力不弱,如合成树脂、合成纤维、改性塑料、塑料薄膜、化学建材、塑料助剂等产品,在技术和市场占有率方面都处于国内领先地位,而塑料加工的双向拉伸、挤拉吹、共挤复合、精密注塑等技术,以及为实现高性能化、功能化的改性技术,均处于国内国际领先水平;不过,产业链各环节仍然存在加工、应用等后端环节企业数量多、竞争激烈的特点,而前端技术含量较高的环节企业数量不多但已有所发育,

有一定的综合配套能力但高度不够，如光刻胶等特种功能性胶粘剂、生产橡胶和改性塑料的关键核心助剂和单体原料等还要依赖欧美等国。

广东在电子材料与电子化学品、光电材料等新材料领域发展已久，作为我国信息产业第一大省，在消费电子、通信、人工智能、汽车电子、工业互联网等领域拥有国内最大的电子材料与电子化学品、半导体及集成电路应用市场，这为广东电子信息材料提供了巨大的需求。经过多年的发展，现已具备了较强的产业配套能力，目前广东电子信息专用材料与电子元器件已形成"晶元—芯片—封装—元件—元器件—电路板—终端应用"全产业链。前沿热点半导体集成电路的设计—制造—封测全产业链，广东也均有发育，其长板体现在集成电路设计环节，集聚了大量设计企业；制造环节，企业较少且集中于小尺寸制造，8英寸、12英寸等大尺寸制造能力不足；封测环节，企业数量较少，呈倒金字塔结构。集成电路产业链发展不均衡，"强设计、弱制造"问题突出。在半导体照明领域，广东已形成"衬底材料—外延片生产—芯片制造—封装—检测和应用"的产业链条，从上游外延芯片到中游封装产业，再到下游应用，其产业链发展完善，产业链各环节均有企业参与。链条虽然已经比较完整，但链条环节间能力与企业发育并不均衡，链条金字塔结构特征比较明显。如产业链后端的检测与应用环节，应用环节分布的企业数量与规模体量基数庞大，该环节也在全国乃至全球建立起了制造比较优势；检测服务环节，第三方组织产业公共服务平台经多年投入发展也已打下较好的基础，但封装环节企业数量远低于应用环节；再如，上游芯片制造—外延片生产—衬底材料企业的数量急剧下降，规模体量和国内其他省份相比也不大。这意味着广东半导体产业链优势重点在下游应用环节，上游环节虽然有所发育发展，但还不足以支撑起下游应用环节体量的要求，广东半导体产业链虽具有综合配套能力，但明显还受"木桶短板效应"约束。

广东新能源新材料发展时间不长，其中太阳能光伏发展较早，多晶硅、单晶硅、非晶硅、太阳能玻璃、太阳能用具、太阳能玻璃幕墙设计与安装等环节比较完整，产品基本覆盖了光伏产业链的全部领域，但还是下游封装及应用端占了绝对优势，在各环节中小企业居多，产业发展可谓"起了个大早，赶了个晚集"，整个光伏产业缺少龙头大企业。在广东各级政府的重视与扶持引导下，新能源动力电池发展迅速，深圳、东莞、江门、广州、肇庆已建立起较完善的从材料基础研发到产品应用的新能源电池新材料产业链条，并在正极材料、电解液、电池隔膜等关键环节具有优势，产业链上下游涌现出一批国内外知名企业及国内新能源电池最大终端制造商。由于新能源电池技术路线的多样性，目前动力锂电池领域的投资已实现产业化，产能不断扩张，在新能源动力电池燃料电池、固态电池领域，深圳新能源电池生产企业沃特玛、比亚迪、华为已有布局；镍氢电池方面，深圳量能科技、深圳豪鹏科技、比亚迪，惠州亿纬锂能等龙头企业也有长期积累；2020年，佛山高新区创办佛山仙湖实验室，致力于氢能、氢燃料电池等新能源、新材料的研发创新与成果转化，着手布局氢能与氢燃料电池新材料等领域，所形成的产能规模还无法与新能源动力锂电池相比。

金属新材料如钢材、有色金属门类，由于广东上游冶炼环节欠缺，生产所需的原铝锭胚和精炼铜几乎都需要从省外购入，铝、铜、铅锌和稀土冶炼加工用的大型、高精度熔炼设备、挤压设备、烧结设备和高端计量仪器部分需从欧洲、日本和美国进口，钢材产品以中低端为主，高端产品如超低温厚壁弯管件站场用钢，低温管道输送用钢、抗二氧化碳腐蚀钢等石化领域高端用钢和高端船舶用钢仍依赖进口，使得产业链主要集中于中下游的加工与销售环节；虽然集装箱钢板、石油天然气输送钢管等系列产品在全国具有优势，但规模体量不足。广东稀土特色资源新材料产业，远景稀土资源储量居全国前列，种类齐全且以离子型稀土为主，锗、碲、铌、钽、硒、钨、钼、锆等资源也较为丰富。由于受资金和环境等因素的影响，资源优势没有被有效发挥，开采技术不成熟，除了少数企业具有较强的研发实力，大多数企业对新工艺、新产品的研制和开发速度慢，产能集中于产业链中下游，企业也普遍存在规模偏小的问题。如贮氢合金的生产，广东十来家企业的生产能力抵不上厦门钨业、宁波申江、甘肃稀土中的任何一家，磁性材料也存在同样的问题。

总体上广东多个门类的新材料产业链经过从"十二五"时期到"十四五"时期十余年发展，高分子材料、电子材料与电子化学品、生物材料、新能源电池材料、产业综合配套能力在全国已形成优势。在广东战略支柱产业如电子信息、绿色石化与5G通信、3D打印、工业互联网、新能源等新兴产业快速发展的带动下,上游新材料产业的支撑能力整体有了大幅度提高,已在产业链高端环节的某些领域具有全国乃至全球竞争优势,扩展产业前沿的能力增强,但与之相对应的大量企业仍集中在相关产业链的应用与中低附加值环节,对产业的支撑整体上完整,但局部还存在不足,部分关键环节仍依赖国外进口,同时后续加工能力和应用推广还有所欠缺。而金属材料、稀土材料等新材料门类产业链的各环节成长情况变化不大,产能集中于产业链中下游环节,产品附加值不高,上游研发实力不足,向高端环节拓展仍比较困难,在全国所处位置并无太大变化。

(四)广东新材料产业发展与创新基础硬件设施不断完善,创新驱动发展支持能力提升

从"十二五"时期到"十四五"时期的十余年间,在各级政府的投入引导与社会各界的参与努力下,广东新材料产业发展与创新基础设施不断完善,涵盖了从上游的研究开发、知识创造、先进技术扩散转移,到中游的成果转化—中试生产创新链条的各个环节,基础设施不断完善,内涵不断延伸丰富,成为新材料高端科技人才集聚的组织载体、产业开放创新的门户、先进技术扩散的枢纽和企业家孵育成长的孵化器以及企业壮大的加速器。拓展产业发展前沿边界的"顶天"能力日益提高,支持先进技术扩散、增强产业发展实力的"立地"能力显著增强,为广东新材料产业创新体系和实施创新驱动发展战略提供了有力支撑。

经过多年的建设投入与发展,广东研发创新平台与基础设施体系表现出鲜明的广东特色与体制机制创新,这主要表现为体制内、体制外与港澳资源互补支撑,合力推进产业创新链不断完善。而广东研发创新平台与基础设施建设以混合所有制的新思路、新模式充分调动了国家中科院系统、全国高校体制内与港澳高校的外部人才与资源力量的引入,并与广东本地地方政府乃至国有、民营企业以及社会企业资源相融合,快速打造形成全国瞩目的研发创新与科研成果转化高地。历史上形成的科技资源国家区域布局版图使广州成为广东体制内研究院所、高校的集中地与研发平台高地。而以深圳为代表的珠三角各市在从投资驱动向创新驱动发展转型过程

中，为解决地区科技创新能力对产业发展支撑引领作用不足的问题，率先引进港澳地区与国家科技资源，并实现与本地产业的融合，以全新思路探索建设体制外产业创新平台的体制机制创新，并将科技研发与成果转化、创新创业与孵化育成、人才培养与团队引进等多种功能相融合，后来居上，快速形成、夯实、提升了珠三角区域创新能力发展基础，并成为全国以混合所有制的形式建设以公办（民办）非企业（事业）组织的新型研发机构为典型代表的研发平台与创新基础设施的先行者与示范区，打造支撑起全国乃至全球瞩目的粤港澳大湾区科学中心这一创新高地，表现出旺盛的创新活力与成效，持续推动了广东区域创新生态体系的完善优化，并实现了从广州、东莞、佛山、珠海等珠三角地区向粤东、西、北乃至全国的示范扩散。体制内研发平台创新基础设施与体制外新型研发创新机构合力支撑起了粤港澳大湾区的知识创新与产业创新。

体制内新材料产业研发创新与支撑体系已形成了包括企业技术中心、高校、科研院所和各级重点实验室及工程中心在内的新材料研发和科技创新体系。纳入体制的国家级研发平台体系以广州为核心，再沿深圳、珠海、佛山等珠三角区域向粤东、西、北布局。目前，广州已拥有17个新材料领域国家级创新平台，包括5个国家级重点实验室（中山大学光电材料与技术国家重点实验室、华南理工大学发光材料与器件国家重点实验室、广州有色金属研究院稀有金属分离与综合利用国家重点实验室等）、3个国家工程实验室（广东省科学院新材料研究所现代材料表面工程技术国家工程实验室、广州金发科技股份有限公司塑料改性与加工国家工程实验室等）、6个国家工程技术研究中心和3个国家企业技术中心（广州有色金属研究院钛及稀有金属粉末冶金国家工程技术研究中心、华南理工大学聚合物新型成型装备国家工程研究中心、广州钢铁企业集团有限公司国家企业技术中心、广州华南橡胶轮胎有限公司国家企业技术中心、广州金发科技股份有限公司国家企业技术中心等）；而省市级研发平台方面，广州目前共拥有153个新材料领域省级研发平台（包括104个省级工程中心和48个省级重点实验室）、238个新材料领域市级创新平台（包括219个市级工程中心和19个市级重点实验室/研发机构）、省级以上新材料相关检测平台16个（包括华南地区唯一的国家级高分子工程材料及制品监督检验中心，我国唯一的国家级节能传热及隔热产品质检机构等），为企业提供完善的检测公共服务。体制内创新平台、省级工程技术中心、省级重点实验室大多分布于深圳、珠海、佛山等珠三角地区，粤东、西、北地区也有分散布局。

广东科技创新体系极具特色的是体制外新型研发机构的发展发育，它们具有投资主体多元化、建设模式国际化、运行机制市场化、用人机制灵活、产学研结合、协同创新深入等特征，在深化政产学研合作、体制机制创新、关键核心技术攻关和科技成果转化等方面发挥了积极作用。这方面深圳走到了前面。1999 年，深圳成立虚拟大学科技园（2003 年被科技部、教育部命名为"国家大学科技园"），致力于吸引内地与香港著名院校入园设立分支机构，引进入园院校的有效资源和有效人才，在优良的创新创业环境下，为深圳市与高校双方作出贡献，实现双赢。截至 2021 年，园区引入清华大学、北京大学、浙江大学、南京大学、华中科技大学、哈尔滨工业大学等国内著名高校 36 所，香港院校 6 所，国外院校 4 所，创办了以清华大学深圳研究院、浙江大学深圳研究院、哈尔滨工业大学深圳研究院、香港中文大学深圳研究院、中国科学院和中国工程院两院院士活动基地等为代表的"官产学研资介"相结合的区域创新体系。同时，不断完善高新技术产业链，多元化、专业型、互动式孵化器群建设，促进了科技金融的结合与科技成果的转化。引入国家体制内中科院系统科技与人才资源，2006 年，中国科学院、深圳市人民政府及香港中文大学在深圳共建中国科学院深圳先进技术研究院，下设包括先进材料科学与工程研究所在内的 9 个研究所；2019 年，由中国科学院深圳先进技术研究院牵头，与深圳市宝安区人民政府合作，共建深圳先进电子材料国际创新研究院。此外，2021 年由香港中文大学（深圳）发起，与龙岗区政府合作，以深圳市先进材料产品工程重点实验室为基础，联合创办深圳先进高分子材料研究院，以及与央企中国石油天然气集团公司创建中石油深圳新能源研究院有限公司。以深圳为标杆，新型研发机构在东莞、佛山、珠海等珠三角城市也都有较长时间的建设实践，例如华中科技大学东莞研究院、华中科技大学佛山研究院、电子科技大学广东电子信息工程研究院、广东华南家电研究院、中山大学惠州研究院、佛山智能装备技术研究院等也都有较长的发展历史。2015年之后,《广东省人民政府关于加快科技创新的若干政策意见》(粤府〔2015〕1号)和《关于支持新型研发机构发展的试行办法》(粤产学研〔2015〕69号),以及2019年《粤港澳大湾区规划纲要》提出建设"广深港澳科技创新走廊",广东各地推动的新型研发组织发展更为迅速。据不完全统计,近年来与新材料领域相关的新型研发机构在珠三角地区快速发展,具有较大影响的包括东莞松山湖材料实验室,落户广州黄埔的粤港澳大湾区协同创新研究院、珠海澳大科技研究院、粤港澳大湾区国家纳米科技创新研究院、粤港澳光电磁功能材料联合实验室、中科院长春应化所黄埔先进材料研究院、中乌先进材料(黄埔)协同创新中心,落户南沙的香港科大霍英东研究院、广州先进技术研究所等,还有2018年佛山市政府与清华大学合作建设的佛山(华南)新材料研究院(涵盖新能源材料实验室、电子信息材料实验室、智能制造实验室、节能环保材料实验室、生物医用材料实验室和一个材料分析检测大型仪器公共平台),落户惠州仲恺高新区东江园区的华中科技大学惠州研究院,松海新材料创新中心,等等。这些新型研发机构组织成为对外加强与国内其他省份及港澳台地区乃至国际的联系,对内实施先进技术扩散的枢纽中心,并以之为载体建立了院士活动基地、企业博士后工作站、工程中心与留学生创业孵化器。广东新材料产业形成了体制内国家级、省级、市级三级研发创新平台与体制外广泛分布的新型研发机构组织相互渗透、"双向"互补协同的创新体系,搭建起广东以高校和科研机构为中坚、政产学研相结合共同支撑新材料企业创新主体的科技创新体系格局,并实现了科技研发—成果转化—创新创业—孵化育成—园区(基地)全产业链联动,促进广东新材料产业生态圈持续完善与优化。与广东新材料产业区域布局相一致,广东研发体系网络高度与网络密度地域分布并不均衡,目前公共研发组织集中于广州等珠三角核心地区,而近年兴起的新型研发机构创新组织在珠三角地区布局的密度也要远高于粤东、西、北地区。虽然新型研发机构创新组织建设的深入使得广东新材料产业创新公共平台网络向珠三角及粤东、西、北地区实现了广泛延伸,粤东、西、北地区公共研发基础设施薄弱以及企业研发组织发育不佳的状况也有了很大改善,但总体而言还远未达到完善。

据不完全统计,广东新材料产业已在广州、深圳建设2个国家级新材料产业核心高地，另有国家级特色材料产业基地（园区）15个、省级新材料特色产业基地（园区）32个。2020年5月，广东省政府印发《广东省人民政府关于培育发展战略性支柱产业集群和战略性新兴产业集群的意见》（粤府函〔2020〕82号），聚焦10个战略性支柱产业、10个战略性新兴产业的培育和发展。先进材料被列为广东10个战略性支柱产业集群之一，前沿新材料被列为10个战略性新兴产业集群之一。紧接着，广东启动了发展先进材料战略性支柱产业集群，加快培育半导体及集成电路战略性新兴产业集群，培育前沿新材料战略性新兴产业集群，以及培育绿色石化产业集群行动。近年来，广州、深圳、佛山、珠海及中山等珠三角地区对新能源材料、绿色石化以及生命健康产业前沿的生物功能材料给予了高度关注，新能源材料、绿色石化精细化工园区、生物医药产业基地（园区）在珠三角地区也得到快速发展。这些新材料基地（园区）构成了广东新材料产业发展的主要区域与产业发展高地。以这些广泛分布于广东各地的各类新材料基地（园区）的建设为引领，基地（园区）基础设施建设对标国际水平，层次不断提高，成为各级政府资金投入、广东新材料产业政策实施、新材料企业扶持援助与金融手段支持力度最大的区域。经过多年的发展与艰苦努力，广东新材料基地（园区）产业发展与创新基础设施支撑条件显著改善，从上游的新材料科研开发知识创造，中游先进技术扩散成果转化、创业孵育，到下游高新技术企业认定、检验检测服务、专利申请服务与资金支持、风险投资、科技金融，支撑水平不断提高。些基础设施包括共建研发平台组织或新型研发机构、创新公共平台，促进成果转化的前孵化器、孵化器、众创空间、留学生创业园、中试基地，推进生产规模扩张的加速器设施，促进先进技术信息交流的创新驿站，以及创新创业服务体系、科技金融服务体系等不断得到发展与丰富。这些新材料产业基地（园区），已成为广东对外开展全球招商，吸引海外高层次与留学归国人员、国际国内高端人才集聚，引进创新团队的窗口。例如，广东省提出打造我国集成电路发展"第三极"，珠海提出打造新材料千亿级产业集群，江门提出建设全国新能源电池核心原材料主要生产基地。广东这些新材料产业基地（园区）中，广州、深圳新材料产业涵盖的门类较全、产业体系与创新平台也较为综合，东莞、佛山、珠海、江门等珠三角城市在不同新材料细分领域形成了各自的优势。经过多年的发展努力,珠三角地区新材料产业基础设施建设高标准接轨国际已日益加强,这里集聚了国内最多、层次最高的人才,成为广东新材料产业发展的核心高地,承担着拓展拓宽广东新材料产业发展前沿的任务。广东新材料产业基地(园区)发展水平以珠三角为核心呈辐射状展开,梯级依次降低,不论门类还是规模、体量,珠海、江门、肇庆、惠州明显低于广州、深圳、佛山、东莞,而粤东、西、北地区又低于珠三角地区;不过粤东、西、北在某些区域的特色材料领域具有独特优势。

二、广东新材料产业发展存在的问题

(一)广东新材料产业链与先导产业链、装备产业链联动程度不高

从"十二五"时期到"十四五"时期的十余年间,广东地区生产总值连续位居全国第一,广东省常住人口已达1.2亿人。2021年,深圳生产总值突破3万亿元,广州也突破2.8万亿元,广东省地区生产总值突破13万亿元,深圳、广州两市占据全省生产总值的近半。粤港澳大湾区城市群建设持续推进。新材料产业对广东高新技术、战略性支柱产业、战略性新兴产业优化提升的先导和基础作用日益加强,对传统产业供给侧结构性调整的支撑和推动作用也日益增强。广东电子信息、装备制造、石油化工等战略支柱产业位居国内前列,以5G、人工智能、物联网、智能制造、绿色低碳为代表的新一代信息产业、高端装备、生物产业、新能源等新兴高端产业发展势头良好,建筑材料、钢铁有色、纺织服装等广东优势传统产业供给侧结构性调整步伐加快。广东区域经济与相关产业的发展对新材料的应用规模逐年扩大,新兴高端产业技术进步对新材料的需求层次不断提高,从横向规模与纵向高度两方面拓宽了新材料产业的发展空间。

广东新材料产业虽然从"十二五"时期的初具规模到"十三五"时期成为支柱产业,取得了较大发展成效,各领域从基础材料到前沿新材料门类齐全,但产业从横向规模扩张到纵向高度攀升还有很大不足。主要表现在与广东高端装备、新一代信息产业、物联网、AI、VR、智能制造、新

能源电动汽车等先导产业快速高端发展相比,广东新材料产业还不能满足先导产业拓展产业前沿,抢占全球竞争制高点,新技术发展、新业态衍生以及实现市场扩张的新材料需求。新材料产业链与先导产业链联动度还不高,在标志性前沿先导产品或重大战略技术突破方面对上游新材料产业的带动支撑能力还不够强。例如,5G、消费电子、人工智能、工业互联网、智慧城市建设等前沿领域发展对集成电路提出了巨大需求,但广东集成电路全产业链支撑明显存在短板,远远不能满足需求。2020年,广东集成电路产业主营业务收入超过1200亿元,其中仅设计业务营业收入就超过1000亿元,但受外部环境影响,这一优势领域面临危机——2021年,珠三角集成电路设计业务销售额同比下滑36.9%,而长三角销售额同比上升49%,京津环渤海销售额同比上升76.7%,中西部上升40.3%,深圳集成电路设计业务销售额从2020年的1300亿元下滑至697.1亿元,从全国第一跌至第三。

广东集成电路制造环节的短板问题由来已久,目前大多为6英寸晶圆线及用于光伏电池一般品质的硅片制造技术,只有1条12英寸晶圆线(中芯深圳12英寸线2022年还未投产)实现规模化量产,而位列第一梯队的上海、北京,12英寸线项目数量分别有8个和6个。国家统计局数据显示,2021年广东集成电路产量为539.4亿块,排名全国第三。与之相比,江苏集成电路产量为1186.1亿块,是广东产量的两倍;甘肃的产量也达到643.0亿块。与长三角占据全国一半产量的生产规模相比,广东集成电路产业明显"跛脚"。再如,华为手机、5G在抢占全球竞争制高点的竞争中,技术含量最高的华为麒麟系列芯片由台积电代工;中美贸易战,芯片"卡脖子",集成电路产业在美国"长臂管辖"下举步维艰。而广东虽然是显示材料生产大省,但华为Mate20 Pro系列OLED曲面屏供应商却是京东方,广东只有德赛成为华为的电池供应商,比亚迪成为华为手机电池、金属构件与手机外壳供应商,在支撑前沿龙头企业拓展产业发展前沿过程中,广东新材料产业也力不从心。

在万物互联时代,随着智慧城市、智慧港口、电子仓库、物联网与车联网的迅速发展,以及《中国制造2025》的深入推进,物联网重要组成部分——传感器的应用领域空前扩大,应用规模迅速扩张,其发展获得了来自智能硬件、智能汽车、智能工厂的强大助力,并向环境监测、医疗保健等领域不断扩展。传感器作为数据采集的入口,是物联网的"心脏",在可穿戴设备、智能工厂、机器人等高端产业的应用越来越广,市场规模急剧扩张。广东新材料产业虽然在以热敏、磁敏、超声波、称重为主的一般品级传感器产品领域有一定的供应规模,但在高精度、高灵敏度分析,成分分析以及特殊应用如 MEMS 传感器、光电传感器等高端传感器方面差距巨大。高端传感器除了受高品质新材料供应制约,同时由于技术积累不足,新元器件制造加工环节水平不高,新材料应用开发为组件与器件的能力薄弱,因而导致在基于新原理将高科技传感器、敏感元件和传统材料、功能材料结合在一起生成的智能材料、功能材料的新品概念与开发方面作为有限。

广东新材料产业与先导产业链、装备产业链联动度不高,有时表现为一些品种比较新、技术含量比较高的新材料产品由于应用推广进展缓慢,市场规模扩张困难,向下游高品质、高精度新材料元器件环节转移的工艺能力支撑不足,又对相关联的新材料制备、材料加工、工艺装备水平提高形成约束。例如中科院研究报告指出,半导体芯片制造涉及 19 种必需材料,大多数材料具有极高的技术壁垒。其中光刻胶材料,有效期仅 3 个月,国内芯片制造领域所有的化学材料、化工产品,几乎全部依赖进口。这就导致深圳、珠海的芯片设计虽然处于国际先进水平,但因受限于材料及与之相关联的制造芯片的光刻机设备、工艺存在短板,广东本地芯片材料与生产供给链培育进展极为缓慢,很容易就被其他产业上游公司或国家卡脖子,广东整条芯片相关产业链"受制于人"的程度也因此不断加深。打个比方,这就像盖房子,深圳、珠海虽有高超的房屋设计技术,然而由于不能生产砖瓦、水泥,也没有泥瓦匠的盖房技术,一旦砖瓦厂、水泥厂不卖原材料,泥瓦匠不愿意帮忙盖房子,设计图纸就毫无用处。

此外,广东新材料产业与先导产业链、装备产业链联动度不高,表现为技术储备不足、能力薄弱,难以开发出满足要求的高品质新材料新品,推出基于新原理的新材料新品能力不足,因此还不能充分获得广东先导产业、领先产业高端化发展的新材料需求对上游新材料产业发展的带动作用,这在 5G 通信产业表现得更为突出。作为当前国内 5G 产业重点区域之一，广东在国内的发展优势明显——拥有较为完善的 5G 产业链，在链条的各个环节均有企业布局。其中的优势领域主要体现在 5G 通信设备如基站、5G 手机等 5G 应用终端制造领域，虽然可以达到世界领先，但广东本地 5G 产业上游的材料与元器件供给底层支持能力存在明显短板，与既有的终端优势形成较大的代际落差。由于关键核心技术未取得突破，广东现有 5G 元器件应用上游材料供给品质低，稳定性差，难以成为 5G 通信设备与应用终端的核心供应商。例如 PCB 板，广东虽然拥有包括深圳、东莞、惠州等基地在内的国内最大的制造产能，但广东 PCB 板总体技术偏低，主要集中在 8 层以下中低端产品，由于缺乏技术含量较高的 IC 载板制造核心技术，因而无法形成生产能力。在某些元器件关键材料领域，广东虽有如射频芯片材料的东莞中镓 GaN 材料，封装基板材料的深南电路、珠海越亚、兴森科技与丹邦科技等供应商，能实现量产，但产能小又跟不上需求扩张，导致产业上下游发展脱节。此外，上游新材料产业技术突破也还没有发挥出对下游产业高端发展带动的先导作用。

上述原因使得广东新材料产业在高端发展上有些自成体系，更多依赖产业自身发展的力量，还未与新一代电子信息、智能制造、生物产业形成高端发展联动机制，在广东七大战略性新兴产业中未能列入第一梯队，在广东战略性新兴产业的上游——先导产业中的表现还不够突出。

（二）广东新材料产业发展与创新基础设施支撑效率不高，潜力未得到充分挖掘

广东新材料产业已构建形成体制内与体制外协同发展的研发创新公共基础设施体系，形成了包括国家重点实验室、国家工程研究中心、国家级企业技术中心，省级工程中心、省级企业技术中心，市级研发机构、新型研发机构，企业研发机构组织等在内的国家、省、市、企业四级研发组织体系，研发组织的硬件设备、检测、人员层次素质不断提高，产业分布以广州、深圳为核心，珠三角为中心，向粤东、西、北等广东腹地扩散布局，在广东各地区已形成以国家级新材料产业基地、国家级特色新材料产业基地、省市共建新材料产业基地（园区）、新材料园区为中心的新材料发展高地。而且，围绕新材料园区（基地）建设的新材料产业公共创新平

台、前孵化器、孵化器、加速器、众创空间、创新团队、风险投资、科技金融服务等产业发展基础设施日趋完善。整体来看，广东新材料产业研发与产业发展硬件水平已与国际接轨，达到了较高水平；但与高水平的硬件支撑不相适应的是，广东新材料产业的研发产出及新材料产业的市场表现还未达到其理应达到的高度。

广东新材料研发机构与创新基础设施建设在深化政产学研合作，引进了中国科学院、中国工程院、省内外高校等体制内组织机构，以及港澳台新材料前沿先进的科技资源、人才资源，推动粤港澳、省内外高校、科研院所新材料前沿先进技术的扩散，并将粤港澳大湾区与全国新材料科技资源融入广东新材料产业发展的实践中，关键核心技术攻关和科技成果转化发挥了重要作用。除了设立在政府研究机构、高校系统中以财政投入为主的事业单位外，2010年之后，在"三部两院一省"产学研合作机制推动下，国家、省、市三级政府与中科院、教育部、省属、企业研发机构合作共建的新型研发机构数量不断增多。2014年6月发布的《中共广东省委广东省人民政府关于全面深化科技体制改革加快创新驱动发展的决定》提出，运用市场化机制新建一批新型科研机构，在项目、人才、资金等方面给予重点扶持。广东新材料产业基地新型研发机构建设成为广东各级地方政府实施新材料产业政策重要内容。从主要表现形式来看，这些新型研发机构市场机制运作，大都有国家（中国科学院、中国科学院以下各所）、地方高校、地方科研院所联合参与的背景，虽然从法律主体上为科技类民办非企业单位（社会服务机构）、事业单位或企业，但都不可避免地带有浓厚事业单位色彩，以政、产、学、研共同参与的理事会作为最高决策层，但在平台后续实际的经营管理中又主要由科研院所、地方高校的派出人员或兼职人员管理，与市场结合得不紧密，只能实现不同程度的企业化运作。在政绩驱动下，地方政府（除企业牵头组建的平台）为了吸引体制内中科院系统及其下属各所、地方高校、地方科研院所"共建"研发机构，自主协商时会免费提供土地与基础建筑物，或免费提供办公场所乃至部分宿舍，关键设备、实验平台也往往由地方政府投资，后续又往往以地方科技项目或配套设施等名目持续直接地投入资金，地方政府还可以申请省级平台建设专项资金，所合作的高校、院所也可以申请来自各级政府的科技经费。不过，为地方中小企业提供科技服务容易成为停留在纸面的软约束，研发或服务内容往往与科研院所、高校等事业单位的活动内容相差不大，局限于机构内部研发，其成果对产业引导带动和外溢作用有限，在基地产业平台技术支持方面存在不足。由于缺乏与地方企业、行业的深度融合，新型研发机构研发成果因市场需求不足而难以有效转化，在创新过程中也没有得到地方主导产业、特色产业的创新资源反哺，目前又在资金上对地方政府持续的财政投入形成很深的依赖，或者与地方企业研发形成竞争（这种情况并不仅存于新材料产业，其他产业领域也存在类似问题），其结果是广东各级政府为加强研发机构建设，投入了大量的财政资金、人力与物力，实际上对产业的发展未能发挥足够的支撑与引领作用。直观表现为"顶天"——高度支撑不起来，"立地"——深入产业又沉不下去，新材料产业科技资源与广东新材料产业发展结合的任务仍然任重道远。

而在新材料产业园区（基地）内的创新设施如前孵化器、孵化器、加速器、留学生创业园、创新创业服务中心等，在"大众创业、万众创新"热潮推动下，从孵化面积到服务企业能力等硬件支撑上都有了很大的提升。这些创新基础设施与广东省的人才引进计划、创新团队、创业计划、高新技术专项计划、战略性新兴产业计划等相配合，使广东新材料园区（基地）成为广东新材料产业引进先进前沿科技资源及高端人才，招商引资、创新创业的门户，而基地内的创新创业基础设施也成为承载先进知识、高端人才落地的物质载体，为推进新材料创业创新、产业创新升级发挥了很大作用。

目前这些基础设施大多以政府投入为主的准事业机制运行，定位为准公共设施，建设投入依赖当地政府，日常运营虽不同程度地实现了市场化，但很大程度上其运营仍依赖当地政府的财政补贴，以项目经费弥补工作经费的不足。例如，孵化器是政府给予租金补贴，主要通过税收优惠或基地税收留存返还来吸引新项目入驻，政府提供科技金融服务；创新人才创业项目通过具有政府背景的部门来组织评审立项，再由带有政府背景的风险投资机构投入首期资金，但为企业提供的服务层次不高，增值服务供给能力也不高。基地创新设施建设硬件水平与政府的投入不断提高，新材料园区（基地）内政府部门深度介入产业发展基础设施的建设、管理、运营之中,推动模式较为单一;由于新材料领域受创业企业家供给和项目供给不足的制约越来越明显,产业发展基础设施支撑潜力得不到充分发挥,创业企业入驻率不高,基地产业发展基础设施普遍存在利用率不高的问题。在实际操作中,往往更重视增量"新"项目的引进,而忽视了基地存量企业特别是中小企业发展中存在的问题。作为新材料产业政策实施的重点领域,各地对于新项目往往是一个项目几个地方竞争,对高端人才及处于风口的项目开出的条件越来越优惠,因此探索基地现有高水平硬件产业基础设施新利用方式,以提高对产业基础设施的利用水平,挖掘出其潜力,成为促进广东新材料基地建设层次再上台阶要关注的重要问题。

(三)广东新材料中小企业的金融支持体系建设仍存在短板

从产业特性来看,由于新材料产业前期需投入大量资金购置设备并要进行研发试验,自开始研发到商业化应用,周期较为漫长,其间若材料研发遭遇瓶颈或技术变革,则会导致前期投资石沉大海,在更重视投资快速回收的氛围下,相较于消费电子、消费生活、金融等具备较大体量优势的快消行业,以及5G、高端制造这类短期需求更为明显的产业,新材料产业投融资总额明显较低,因此新材料产业投资需要有更强的投资定力与着眼于长远的视野。笔者检索Wind数据库、PE/VC库发现,中国新材料产业2018—2020年间投融资增长不太明显,整体维持在200次/年以下,较2017年出现显著下跌。从投融资金额来看,新材料产业经历了下跌到复苏的底部反弹,2020年融资总金额同比增长约73%。同时可以看出,新材料产业单个项目融资规模在持续提升,资本在优质项目集中投资效应显现。从数据上看,对新材料产业的投融资更多集中在处于扩张期、成熟期的企业。这些企业普遍已经掌握新材料核心工艺,具备相关材料专利储备,有望更快实现产品的商业化批量化生产。处于这一阶段的企业竞争壁垒已经形成,产品收益效果开始显现,因此更容易获得资本方的青睐。

但对新材料产业来说,前期阶段的融资需求相对更紧迫,原因主要包括:①需要融资填补巨额研发开支;②融资实现准商业化生产;③加速扩大竞争优势等。相对于快消产业,资本的兴趣与新材料产业不同发展阶段

第三章　广东新材料产业发展特征、问题及发展阶段

的资金需求之间的不一致程度更为深化，金融支持新材料产业的发展壮大有着更加重要意义。随着碳中和、新基建等顶层国家战略陆续落地，以及相关产业如5G通信、新能源、工业4.0、新能源汽车等领域都进入提速发展阶段，新材料作为推动上述产业发展不可或缺的上游产业也将受到同步拉动。

广东新材料产业表现出大企业规模不大、中小企业量大面广占比高的特征。由于中小企业相对于实力较强的大企业有着更多与更高的投融资需求，因此新材料产业中中小企业占比高的省份客观上要比大企业占比高的省份有着更多频次与数额的融资需求。基于这种认识，笔者根据Wind数据库、PE/VC库整理了2018—2021年典型省市新材料产业成功实现的投融资事件频数与金额省（市）分布，如图3-1、图3-2所示。整体来看，2018年，各省份新材料企业融资事件频次最多，近几年有所波动，呈降低态势。相对于全国，2018年广东新材料企业的投融资需求比较旺盛且不弱于其他重点省市；但2018年后，广东新材料企业受资本市场的关注度有明显下滑趋势；与先进省市相比，2019年及2020年、2021年广东明显弱于同层次的江苏、浙江，2021年更低于北京（图3-1）。这一方面反映广东新材料产业由于中小企业比重高确实有较多投融资需求；另一方面可以推断，近年来广东新材料领域的中小企业素质与成长性有所下滑，导致投资机构对其关注度衰减。相对于江苏、浙江、北京等先进省（市），广东

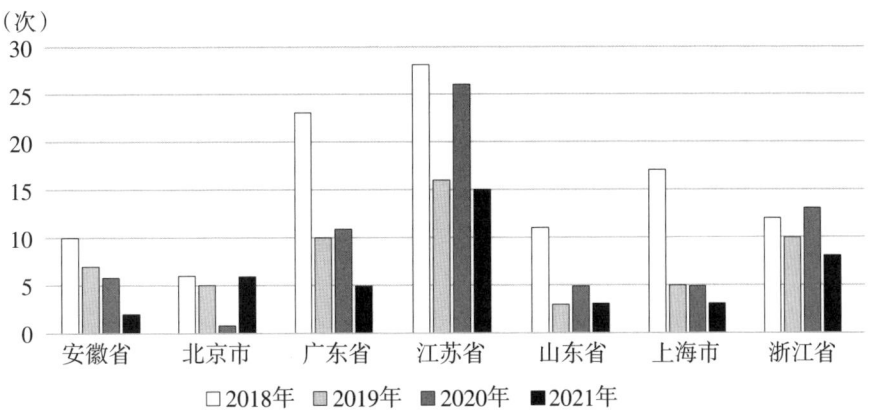

图3-1　2018—2021年新材料领域投融资事件各省（市）分布情况

69

企业所表现出的优势有所下降,这种优势既体现为以技术先进成熟度为表征的素质优势,也体现在新材料领域企业家精神的持续供给优势上。

投融资金额可以直观地反映出资本市场对新材料领域支持力度的大小。从图3-2可以看出,广东明显呈现逐年下滑趋势,与同期的江苏稳步提升形成了巨大反差,且近年来广东与浙江的差距也有所拉大,与山东、安徽、福建、上海相比已不相伯仲。这说明和广东相比,江苏、浙江等省份的资本市场对本地新材料中小企业发展的金融支持体系建设更成熟,山东、安徽、福建等省份的新材料中小企业对资本市场的利用也在持续改善,单位频次所获得的支持力度不断加大,说明新材料中小企业更易获得更多的资源支持;而广东的优势在不断衰减,与上述先进省(市)相比已有差距,这意味着广东更需要关注新材料产业的金融支持。

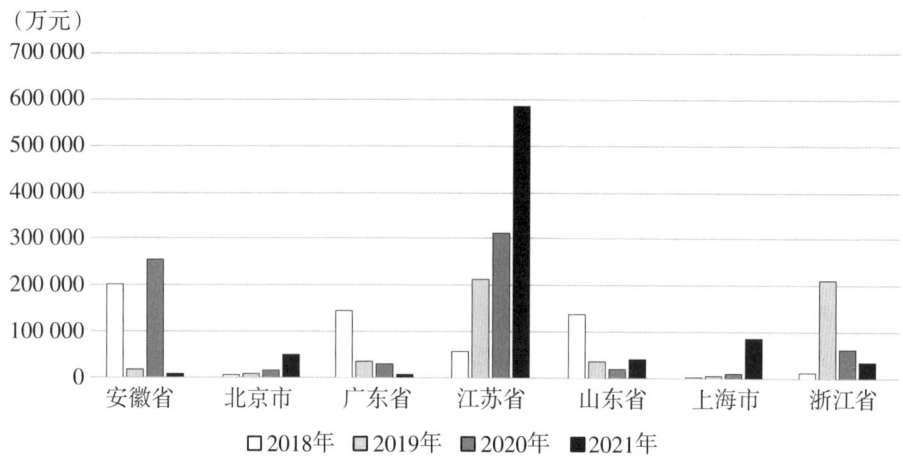

图3-2 2018—2021年新材料领域投融资金额各省(市)分布情况

此外,广东目前有13家创业板上市公司和5家科创板上市公司。从地域分布来看,这些企业主要集中在东莞、深圳、广州、佛山等珠三角核心区域以及珠三角外围的江门,粤东的汕头、梅州有零星分布。地域分布的不均衡一方面折射出位于珠三角的新材料中小企业素质普遍高于粤东、西、北,更易受到资本的关注与支持;另一方面,也说明广东资本市场发育发展的区域布局很不均衡,珠三角核心区域的资本金融市场更为成熟发达,深圳—东莞—广州更是最强区域,佛山与处于外围区域的江门实力也较强，有着良好素质与成长前景的新材料中小企业更容易获得资本的青睐与支持，粤东、西、北地区的新材料中小企业获得资本支持的可能性急剧下降。因此完善粤东、西、北资本市场建设，加强粤东、西、北新材料中小企业与资本的对接应有更高的优先度。

（四）新材料产业归口管理部门分割，发展数据统计口径不一致，产业发展决策研究支持不足

正如前文所梳理的，由于新材料产业本身门类繁多，不同历史时期、不同的部门对新材料产业的范围有不同的界定，在诸多产业中，有关部门针对新材料产业的统计数据最为混乱。历史上，新材料产业对口行业主管部门主要有三个：20世纪90年代，新材料作为国家高新技术产业重要组成部分，被纳入高新技术产业的大篮子里，并在高新技术统计中专门设立了以高新技术产品统计为基础的新材料产业发展统计条目，形成了较为连续的新材料产业发展纵向发展统计，以及各地区新材料产业发展统计数据，新材料领域高新技术企业认定与管理也归口到科技系统。2009年，国家启动战略性新兴产业发展。在广东，战略性新兴产业归经济和信息化委员会（下文简称经信委）管理，经信委在战略性新兴产业统计口径之下建立新材料产业发展统计条目，这个统计口径基于新材料企业的统计数据，2012年这个统计口径又有变化。2018年11月26日，国家统计局公布《战略性新兴产业分类（2018）》（国家统计局令第23号），该产业分类对新材料产业目录做了细化完善，我国新材料产业统计体系基本形成，实施时间尚短。由于部门间前后统计口径不一致，战略性新兴产业中的新材料产业与高新技术产业中的新材料产业所包括的范围与内容前后并不一致，前者的统计口径要更宽一些，可能还包含了一些本身技术含量不太高的新材料门类。而作为规划与立项部门的发展和改革委员会（下文简称发改委），同时主管高新技术产业与战略性新兴产业发展，在实际操作中又会根据情况对不同来源的统计数据进行完善。由于统计口径不一，来源于上述三个渠道的新材料产业数据至今难以全面、准确地反映新材料产业发展的规模总量，也无法完整、全面地说明新材料各构成门类、各地区产业发展的数据。而目前已有的数据质量也不高，且有时不同来源的统计数据还相互矛

盾。在这种情况下，难以对整个产业及其细分门类的发展进行纵向把握，也难以进行细致的横向对比分析。笔者采取框架性粗略估计，大致判断哪些项目、哪些企业属于新材料领域，哪些新材料领域处于产业发展前沿，哪些新材料领域发展滞后。

作为国民经济的上游部门，新材料产业包括的门类涵盖高端战略性新兴产业前沿突破所需的新材料，中高端产业发展支撑所需的新材料以及传统产业升级新产品需求的新材料。新材料产业深入渗透国民经济的方方面面，囊括了从高精尖、个性化、小批量技术密集产品创新导向到规模化、大批量工艺创新导向的各个新材料产业门类。不同新材料门类的发展并不遵循普适性的产业发展规律，也各自面临不同的发展瓶颈，但总体而言，着眼于全产业链是发展大趋势。由于历史原因，广东新材料产业管理归口到发改、工信与科技三个部门，三个部门对产业的发展管理各有责任分配侧重点。从各部门的职责划分来看，发改委着力点在于大项目立项，工信部门的着力点是引导企业，科技部门的着力点是引导产业链前端研发创新，三部门又都兼具产业管理职责。从新材料挂牌园区（基地或集群）来看，国家级新材料基地（集群），广州、深圳由发改委管理，国家火炬特色新材料基地由科技部门管理（这些基地有不少位于当地高新区内），新材料园区与各级政府共建的特色新材料基地由工信部门管理。2020年10月，广东省颁布的《广东省人民政府关于培育发展战略性支柱产业集群和战略性新兴产业集群的意见》（粤府函2020〔82〕号）提出，培育十大战略性支柱产业集群与十大战略性新兴产业集群，其中将新材料产业划分为先进材料与前沿材料两大类别。为匹配半导体与集成电路在广东制造大省与智造转型中的战略地位，特别将半导体与集成电路战略性新兴产业集群独立出来由发改委负责，工信部门负责推进的先进材料产业集群归入战略性支柱产业集群，由科技部门负责推进的前沿材料产业集群归入战略性新兴产业集群。发改委随后牵头制订了《广东培育半导体与集成电路战略性新兴产业集群行动计划（2021—2025）》，其中提出聚焦化合物半导体抢占工程与材料及关键电子元器件补链工程，工信部门牵头制订了《广东省发展先进材料战略性支柱产业集群行动计划（2021—2025）》，科技部门牵头制订了《广东省培育前沿新材料战略性新兴产业集群行动计划（2021—

2025）》，这表明基于大类区分着眼于推进新材料产业区域集群式发展成为当前广东新材料发展政策的基本导向。

虽然新材料企业及技术改造归工信部门管理，但新材料高新企业的申报、管理归口科技部门，而各园区（基地）内孵化器、创新平台、新型研发机构等产业创新基础设施的建设与运营也受科技部门的业务指导，园区（基地）内新材料招商引资与项目立项权归口发改委，从上游立项、研发到中游的中试成果转化，再到下游的技术改造、市场推广等，完整产业链条被分割为前后继起的不同区段，在不同区段又都被赋予不同的政策工具与资金扶持力度，归口不同政府部门管理。完整产业链的分段化管理在部门间协同不足的情况下难以形成部门政策与资金投入的合力，既存在某些"风口"领域政策与扶持过剩，如几个部门同时给某个特定项目以多口子的研发补助、税收优惠及最大的科技金融扶持与促进，也存在某些"潜力"领域被忽视，获得支持不足的可能，而在产业链条上也难以形成无缝衔接，时间上也难以实现无间断的连续。由于新材料产业是新兴产业中包含门类最细致与复杂的，产业的引导与管理任务相对也更为艰巨复杂，产业引导管理中力量过度集中与力量过度分散相对于其他新兴产业来说表现得更加突出。为提高对新材料全产业链的引导，进一步形成政策合力，在以高新区为代表的各级新材料基地，科技与工信等部门大都合署办公，以加强部门间的协作，形成政策合力，努力实现从项目研发、转化、中试生产、创新支持、技改乃至扩大生产全产业链一条龙。当前，广东在省级层面突出新材料产业集群发展的目标，而根据广东制造业高质量发展需求与新材料各门类产业链现实基础，着眼于省域全产业链，不断完善对广东制造业高质量发展支撑能力的提升，产业全面发展优势升级，将省级产业目标与区域产业目标相结合，加强省市协调协同，做大而全，不追求区域集群的小而全，调动各地区积极性、能动性，推进广东省域范围内新材料战略门类发展的纵向延链与横向补链，提升广东省域新材料产业高度并延展产品线宽度。新材料产业全产业链协同与省地协同引导机制仍有很多工作要做。

（五）广东新材料产业目标定位相对宽泛，产业发展顶层设计有所欠缺

广东新材料产业前期作为高新技术产业与2009年后作为战略性新兴产业重要组成部分，每一时期都是广东省政府重点鼓励与扶持发展的产业。在新材料产业具体发展目标与定位上，相对于电子信息产业、高端装备、数字产业、生物产业这类支柱、新兴与战略性产业来说，所提供的研究决策支持力度不够。产业研究决策支持不足，导致所提出的产业目标不够清晰，定位也有些宽泛，较多倾向于新材料产业本身自上而下来进行表层设定，在方法论逻辑上还不能完全获得微观基础自下而上对新材料产业发展的支持，同时在中观产业层面也还未完全映射出新材料市场、技术进步微观机制的最新变化，这使广东新材料产业发展顶层设计虽然全面但指导性仍有所欠缺。

"十二五"时期，广东新材料产业发展的定位是"初具规模""对产业结构优化升级的支撑作用显著增强"，隐含的意思是新材料产业对广东产业结构优化升级支撑不够，因此"十二五"时期的重点放在了提高对广东产业结构优化升级支撑改善上。"十三五"时期，广东新材料产业发展的定位是"推动成为支柱产业"，且将新材料产业与高端装备放到一起，将新材料产业作为"顺应制造业智能化、绿色化、服务化、国际化发展趋势，建设广东高端制造产业体系"的重要组成部分，并进一步提出"以战略性新兴产业重点产业发展需求为导向，推进新材料融入全球高端制造供应链，为增强先进制造业核心竞争力提供有力支撑"，由此可以看出，这里新材料产业要为广东先进制造、高端制造、智能制造发展提供支撑。"十四五"时期，广东新材料产业发展的定位是在广东制造业高质量发展主题下，将新材料产业归入"继续做强做优战略性支柱产业（先进材料），高起点培育壮大战略性新兴产业（前沿材料），谋划发展未来产业（超材料）"，强调"促进产业由集聚化发展向集群化发展跃升，推动产业供给体系更好适应社会需求结构变化，推动广东产业链价值链迈向全球中高端，加快建设具有国际竞争力的现代产业体系"。这一战略定位兼顾了广东新材料产业自身做强做优（"立地"）与培育壮大（"顶天"），能够以更好地适应社会需求结构变化为导向完善提升新材料产业供给体系质量，其中包

含了新材料产业本身要成为具有国际竞争力的广东现代产业体系的重要组成部分，以及为了支撑广东建设具有国际竞争力现代产业体系进而推进广东新材料产业高端化发展两个方面的内容，和"十二五""十三五"时期对新材料产业发展的要求相比，更为全面。从"十二五"时期到"十四五"时期十余年的发展来看，至少在广东政府层面，新材料产业作为基础支持性产业的角色定位始终未变且有明显的扩展。"十二五"时期，为提高新材料产业对广东整体产业结构优化升级的支撑程度，新材料门类领域涉及更为全面，政府做出以满足需求为导向，囊括高中低三级六大新材料门类共同发展的安排，但并没有特别突出发展哪个门类，产业独立性设计意味较强。"十三五"时期，则以贯穿先进制造为主线，更加强调高端装备与新材料发展的互动，围绕先进基础材料制造水平的提升和重点产业发展需求关键战略材料的规模应用，以及前沿战略材料的突破发展而展开，同样强调需求拉动，但更突出了新材料重点产业需求支撑能力的提高。"十四五"时期，则是在制造业高质量发展的整体目标以及更好地适应内涵更丰富的社会需求结构变化的要求下，突出兼顾先进材料做优做强与前沿材料培育壮大的不同要求，从广东现代产业体系重要组成部分与支撑广东建设具有国际竞争力现代产业体系两个方面对广东新材料产业进行战略定位，其中包含新材料产业本身的高质量发展以及对广东制造业高质量发展提供高质量的支持，这表明十余年间广东对新材料产业的发展定位有所延展，也更为体系化。"十三五"时期，新材料产业发展突出了对广东制造业高端化的支撑，产业链环节重点因提高工艺制造水平、战略材料规模应用而放到了后半段；与"十二五"时期新材料产业独立性与各门类齐头并进的布局相比，"十三五"时期新材料产业更注重联动发展与重点聚焦；而"十四五"时期，在继续进行产业联动思维下，新材料产业又将重点聚焦与全面发展结合起来，被纳入现代产业体系。新材料产业作为公认的国民经济上游基础产业，"十四五"时期，给予先进材料作为要巩固提升的广东战略性支柱产业定位，这明显是给予了更高的重视度。而"十二五"时期到"十四五"时期一直延续的对广东新材料产业特别是前沿材料的发展定位都更强调以从属于其他战略性产业特别是新一代电子信息、新能源、高端装备等广东战略性新兴产业发展需求的姿态展开，都还未将以新材料突破引领广东战略性产业发展作为产业发展战略目标,这实际上隐含的认识是广东新材料产业的地位还无法达到广东电子信息、新能源、高端装备等战略性产业那样的产业高度,其发展相对于这些战略性产业是有所滞后的,这应该是一个共识。但在这个共识的基础上,我们还无法明晰新材料产业在由十大战略性支柱与十大战略性新兴产业构成的广东现代产业体系发展布局中的位置,以及与其他新兴产业发展的关系,未来新材料产业的发展定位是仍作为支撑角色、外围后台支持产业,还是能够成为驱动发展的新力量而作为潜力核心培育的产业而存在。

与此同时,由于新材料产业门类复杂,技术领域各不相同,客观要求具有强大的研发能力与产业基础。目前,我们虽然掌握了一些可以实现引领广东本省乃至全国重要产业拓展前沿的新材料领域突破的线索,但还未能系统化;对于可以支撑广东新一代电子信息、智能制造、绿色低碳、生物产业等高端新兴产业拓展发展边界,建立全球竞争优势的重点新材料领域的把握目前还呈碎片化,还满足不了广东高端产业拓展发展边界的需求,有潜力且未来可能实现支撑的新材料领域是什么尚比较模糊;对于广东经济产业发展十分重要,但受条件基础约束而只能放弃,转而需要其他供应渠道补充的新材料领域尚不清晰;对于不仅满足广东本省经济产业发展需求并能作为国内国际供应商的优势新材料产业领域的掌握也不充分。在这种情况下,产业发展顶层设计存在泛化倾向,不仅表现在对广东新材料产业"支撑"与"引领"定位未来的变化方向上,也表现在所提出的大致门类框架还没有反映出与相关产业重点产品发展的联系,在产业发展实践中指导性不足。目前广东新材料产业的研究还需要细化深化,以明晰广东新材料各门类的基础及未来发展取向。

三、广东新材料产业发展阶段判断

广东既是新材料需求大省,也是新材料生产大省。"十三五"时期,新材料产业是广东省先进制造业六大重点发展产业之一;"十四五"时期,新材料产业被列入十大战略支柱产业与十大战略性新兴产业之中,对广东打造具有国际竞争力的世界先进制造业基地,引领广东制造业结构调整和转型升级，实现制造业高质量发展，完成由制造大省向制造强省转变，建设广东现代产业体系具有重要战略意义。从"十二五"时期至"十四五"时期，经过十余年的努力推进，广东新材料产业稳步发展并取得了一定成效，但同时也出现了一些深层次问题，这些既构成了广东新材料产业未来发展的基础，也决定了当前广东新材料产业所能支撑达到的未来最远发展边界。基于这种认识及产业已有的发展基础和特征，笔者对广东新材料产业形成以下几个判断。

（一）广东是材料产业大省，但还不是新材料产业强省

新材料与基础材料有着密不可分的联系，而先进材料（含建筑材料、绿色钢铁、有色金属、化工材料、稀有稀土材料）产业是支撑我国国民经济发展的重要基础原材料工业，是改善民生的基础制品业，也是支撑国防、航天航空以及节能环保、新能源、新材料、信息产业等战略性新兴产业发展的重要产业。许多先进材料、前沿新材料基于基础材料的二次开发加工，与新产品开发相联系，生产工艺既可以超越基础原材料生产，也可能依赖相关基础制造业的升级，并无一定之规，而新材料的发展也会为基础原材料工业的升级换代提供支撑。广东省新材料产业涉及门类比较齐全，产业门类涵盖"国家高新技术产品目录"与"国家新材料发展指南"新材料领域中金属材料、无机非金属材料、有机高分子材料和精细化工类的全部子类别。经过从"十二五"时期到"十四五"时期十余年的发展，在与新型平板显示、电子消费品、电子材料、新能源电池、玻璃、增材制造等有关的材料体系中，广东在全国已形成较大的比较优势，但整个新材料产业版图呈明显的金字塔结构，前沿新材料规模体量目前远小于先进材料的基础影响力。

在广东省先进材料产业中，绿色高性能建筑材料、化工材料产业规模居全国前列，绿色钢铁和有色金属产业均为在广东布局的央企，新兴产业聚集，电子材料产业发展迅猛。高分子材料作为广东材料产业体系中特色和优势明显的标志性领域，与广东雄厚的石化产业关联紧密。2021年广东全省塑料制品产量为1510.14万吨，国内排名第一，占全国的8%；2019年乙烯产量348.2万吨，初级形态塑料产量654.1万吨，合成纤维单体产

量244.5万吨，合成橡胶产量75.7万吨，分别占全国的16%、7%、5%和10%。乙烯、合成橡胶等15种主要产品产量在全国名列前三。合成树脂、合成纤维、改性塑料、塑料薄膜、化学建材、塑料助剂等产品在技术和市场占有率等方面处于国内重要地位。其中合成树脂装置规模高于国内平均水平，接近发达国家水平，主要生产企业有湛江东海岛、茂名石化、揭阳大南海石化、广州石化、中海油惠州石化和珠海高栏港临港石化，但布局的五大炼化一体化基地和园区总体规模不大，发展联动效应不足，规模优势效应发挥不明显。部分基地产业链不完善，链条延伸不够，产品较为传统，高端产品较少。其他方面，广东是全球最大的陶瓷生产和出口基地，玻璃行业的生产、加工应用和出口位居全国前列，优质浮法玻璃生产能力全国第一。而在新能源车动力锂电池领域，广东已成为我国电池品种最全、产量最大、生产技术力量最强的省份。除这些特色优势比较突出的领域，从新材料产业整体规模与盈利能力来看，广东新材料产业在全国并不占优势，明显低于江苏、浙江、山东以及天津，对新材料板块上市公司的分析从侧面也证明了这一点。目前，广东新材料产业布局已基本完成，主要集聚在珠江三角洲地区，并以广州、深圳、佛山、东莞为核心，初步形成相对集中并具有特色的产业空间布局，珠江三角洲地区新材料产业产值占全省的比例超过85%，粤东、西、北特色新材料资源突出。在全国新材料版图中，广东占有重要位置。

广东资源基础不算厚实，许多基础原材料本省供应不足，依赖其他省份乃至国外供给，大部分原材料如煤、石油、铜、钢、铝等需外购或依靠金属废料回收，物流成本很高，但下游直接面向终端应用市场的工业制造业极为发达。在高分子材料方面，广东改性塑料产业规模全国最大，需要大量树脂原材料，但除少数合成树脂外，基础的塑料原料仍大量依靠进口或者来自其他省份。特种钢及不锈钢在广东各地有广泛的分布并形成了一定规模，但原料如基本线材板材也主要依靠其他省市。广东优质浮法玻璃生产能力全国第一，玻璃深加工生产能力约占全国的三分之一，市场除满足本省需求外，大量外销以及出口。虽然广东工业产品产量、种类位居世界前列，但高性能材料、核心部件和重大装备严重依赖进口，关键技术受制于人。例如，在太阳能电池制造领域，目前大尺寸硅薄膜生产设备主要由瑞士欧瑞康、美国应用材料和日本真空等公司垄断；在显示材料领域，高纯靶材、高纯气体的制取设备，多源多腔小分子真空蒸镀设备等由国外公司垄断，由此广东新材料产业产品结构高度化不够，多数处于价值链的中后环节。新材料和传统材料产品比例严重失调，产品档次较低，初级产品多，高附加值产品少。主要表现在跟踪仿制国外先进材料多，拥有自主知识产权特别是具备高性能、高附加值的产品的专利成果依然相对较少，且新材料研究成果转化率低，规模化生产程度较低，新材料企业总体上仍集中在相关产业链的中低附加值环节，后续加工能力和应用推广偏弱，企业间专业化分工和差异化经营格局尚未形成，产业综合配套能力不强。部分细分领域缺乏大型龙头企业，高端自主知识产权的核心技术不多，部分行业存在能耗高、污染大、劳动密集、新技术和新产品的创新能力不强的问题。产年值超亿元的材料企业中，95%的产品为低端不锈钢、日用陶瓷、建筑铝型材、PVC管等传统产品，产品同质化较为明显，新材料产品的比重仅有5%，新材料产业链大致呈高低两端供应不足、中间供应过剩的局面，在全国新材料产业发展版图中位于第一梯队的尾部。

（二）广东新材料产业总体上还未发挥出对下游产业的引领作用

新材料产业作为国民经济的上游基础产业，在发展动力方面，或由满足下游产业发展引致的新材料需求带动，即下游产业发展带动上游新材料产业发展，这是一种被动跟随下游产业市场扩张节奏来实现新材料产业发展的模式；或是通过引领下游产业的发展形成对自身发展的正反馈，即新材料产业上游的发展与突破推动下游产业实现发展扩张，这是一种通过新材料产业自身主动发展推动下游产业市场创造规模扩张又带动上游新材料产业规模放大的发展模式；或是在某些新材料领域形成对下游产业的发展引领，在某些领域是一种满足下游产业发展引发新材料的需求带动发展模式。相对于广东工业品门类齐全和更为强大的制造能力与终端市场应用能力，以及物联网、消费电子、智能制造、生物产业、新能源等高新技术产业领域快速扩展，产业前沿填补产品市场空白的能力而言，广东新材料产业的整体支撑能力相对弱势，其发展总体上表现出较为明显的下游终端应用产业发展驱动态势,产业链下游应用突破后寻求低成本的供应链替代是主要实现方式,呈现下游发达的应用终端产品市场开发倒逼本土上游新材料供应跟进的发展态势,但上游供应链能力不足使下游迭代速度总有所滞后。

在大多数新兴高端先导领域,如5G、智能机器人、新能源、增材制造等,广东企业往往能够充分发挥广东作为对外开放前沿、创新高地的优势,以开放与国际化的经营视野在全球供应链支撑下率先取得终端应用产品市场的突破,不过广东新材料产业尽管在极力跟随追赶先导前沿领域的发展,但在节奏上还难以完全与这些新兴热点高端产业的发展实现无缝衔接;与此同时,新材料各门类也不是最终都能满足这些新兴先导高端产业提出的新材料需求,这一过程中,新材料产业主要以"反向工程"为主的模仿、技术引进与招商引资等模式来实现产业对新兴热点高端领域拓展发展前沿所提出的新材料需求的响应,在一般性需求满足上,广东新材料产业能够迅速形成供给能力,但在技术密集度高、技术综合度与复杂性强的前沿领域仍存在较大的替代困难。例如,广东在全国都处于领先地位的以大数据、云计算新一代电子信息产业,以高清晰电视、笔记本电脑、台式电脑显示器、手机等为代表的电子消费品和建筑装饰业、照明业、汽车产业等终端工业产业快速发展,拉动了广东半导体市场容量与以规模化工艺生产(主要包括液晶显示器、等离子显示器、场致发光显示器)为主的平板显示器的产能规模快速扩张,其中溅射靶材是制备半导体集成电路、新型平板显示的关键电子材料,全球范围内,日矿金属、霍尼韦尔、东曹、普莱克斯、住友化学、爱发科等资金实力雄厚、技术水平领先、产业经验丰富的跨国公司居于全球高纯溅射靶材行业的领导地位,凭借其强大的技术研发实力和市场影响力,牢牢占据了全球溅射靶材市场的绝大部分市场份额。而基于产品价格、采购国产化等因素的考虑,广东液晶面板厂商开始有选择地与本土优秀溅射靶材厂商合作,但高纯溅射靶材产业起步较晚,受技术、资金和人才的限制,广东专业从事高纯溅射靶材的生产厂商数量少,多数国内厂商还处于企业规模较小、技术水平偏低、产业布局分散的状态。市场尚处于开拓初期,主要集中在低端产品领域进行竞争,在半导体芯片、液晶显示器和太阳能电池等市场还无法与美日国际巨头全面抗衡。由此，对LCD、小尺寸OLED屏，国内厂商能够快速形成供给能力，但在高世代大尺寸OLED的供给上，还得依赖国外。在新型高端OLED显示上，由于OLED材料的生成需要经历化工原料、中间体、粗单体、终端材料四个环节，其中由粗单体到终端材料环节中的升华工艺技术壁垒较高。由于技术限制，广东显示材料企业主要集中在中间体和粗单体领域，在利润较高的OLED有机发光材料成品（终端材料）领域占比低，这一领域仍主要被美、日、韩、德等国的企业垄断。此外，空穴层注入/传输材料、电子层注入/传输材料在国内市场供应占比12%左右，发光层材料供应占比不足5%，关键材料严重依赖进口。全球60%的芯片应用市场在中国，而中国60%的芯片应用市场在珠三角，作为集成电路应用大户，珠三角目前在集成电路产业中市场较为有限的化合物半导体领域整体发展水平不错，虽也是广东接下来发展的重要方向，但多年来还未培育出与之匹配的更重要的硅基半导体材料供给与集成电路制造能力。2020年广东省集成电路和半导体产业主营收入约1700亿元，但仅能满足本省需求的20%，导致在与材料技术、工艺技术与应用技术结合要求更高的芯片上也始终被"卡脖子"，无法形成有效供给。这种供给不足初期表现在技术相对简单的LED芯片上，随之又转移到技术更为复杂的4G以及5G手机芯片上，而智能汽车市场快速扩张更加剧了供给不足。再如，广东上游终端产业发展给玻璃产业深加工提供了巨大的市场需求，广东优质浮法玻璃生产能力居全国第一，玻璃深加工生产能力约占全国的三分之一，终端工业产业快速拉动是广东玻璃产业规模能够实现迅速扩张最重要的原因之一。伴随着这些终端产业的升级，广东新材料产业实现了浮法玻璃、工程玻璃、工业玻璃、日用玻璃、装饰玻璃、太阳能玻璃各门类的迅猛发展，TCO、Low-E、汽车级等高档、优质、高附加值的浮法玻璃产品增多，普通白玻产品减少，优化了产品结构，但目前仍以技术含量相对低端的建筑玻璃、工程玻璃产品为主。而作为可应用于电子、光电子领域高技术产品0.1~2毫米厚度特别是1.1毫米以下超薄浮法玻璃的电子玻璃领域，技术要求高，工艺复杂，生产难度大，附加值极高，属于高端玻璃产品，透光性与柔韧性很高的超薄电子触控玻璃、超薄玻璃基板、OLED显示用玻璃、光电显示玻璃、触摸屏导电玻璃等更高端电子玻璃产品还是跟不上广东电子信息产业特别是电子消费品、5G 的发展节奏（华为手机屏供应商是京东方，OPPO 消费电子供应商为三星），仍然需要在这些高端领域大量进口以满足上游产业发展需求。

（三）广东新材料产业创新链框架整体基本成形，但嵌入新材料产业链的生态存在短板

创新链是从科学发现到科技发明再到工程实践直至市场实现产生经济社会价值的一系列创新活动的组合，是一条由基础研究、应用研究、开发研究、中试改进到生产等多环节形成的链式结构。而产业链是由一系列具有上下游投入产出关系的生产过程所构成的链条，是由原材料、中间产品到最终产品制造直至市场实现所经历的各环节构成的集合。创新链是产业链各环节实现价值增值的基础。产业链作为创新成果的工程化和落地应用，依托创新链形成发展、升级提高，是创新链落地生根的载体，同时也会对创新链发展提出新的需求，进而推动创新链升级并催生新的创新链。创新链需要依托产业链实现经济价值和社会价值。经过从"十二五"时期到"十四五"时期十余年政府、企业及各方面的共同努力，广东新材料创新链从上游研究开发到中游成果孵化转化再到下游生产制造，在整体架构上均已基本链接成形，在创新链的不同环节，各类公共性、准公共性的硬件组织载体与创新基础设施持续发展完善，形成国家级、省级、市级、新型研发机构四级研发机构组织。从国家级、省级新材料基地（园区），到中游中试基地、创业服务中心、孵化器、加速器，再到下游龙头骨干企业，新材料第三方检测测试平台已搭建起骨干框架。从自身发展创新链架构框架这个角度来看，可以认为广东新材料产业已经完善成形，只是这些产业创新基础设施在广东不同新材料门类中的分布及其发挥作用的程度存在差异，与产业链协同还处于发育发展之中，以致对所嵌入产业链下游供给能力提升的支撑程度有所不同。

由于新材料产业属于中间投入产业，自身无法单独实现价值，必须有效地嵌入整合到直接面向市场的终端产品产业链中，才能完成市场价值的实现。这需要产业链供应链现代化提出对新材料创新链的要求，才能让创新链对产业链发挥驱动作用，并叠加产业链对创新链的拉动作用。但在这

方面，广东新材料产业创新链还远未达到运用自由成熟的程度，广东新材料产业综合配套体系及产业生态发育还存在明显缺失，新材料作为一个中间环节向两端延展的能力以及与下游整合有效联结成链的能力均有不足，与产业链供应链上下游的协同联动度不高，响应度不够。这种不足，一方面表现为"做的出来，没办法用"，新材料的研发与下游的应用情境不一致，研发仅重视性能参数的达标，而忽略了生产制造情境及实用性要求，造成研发出来的新材料无法被下游使用；另一方面表现为"做的出来，不敢用"，由于缺少第三方检测认证与专业化制造服务介入支持，有效的新材料应用检验成本高，没有规模效益，下游企业在生产过程中缺乏使用信心，而宁愿维持现状，选择价格较高的进口产品。材料行业作为中间投入制造业，决定其市场空间价值实现的关键因素往往不在于新材料单个环节本身，而在于构成产业链上下游的整体生态，由于新材料综合性较强，包含材料研发、材料设备机器、下游应用开发等环节，只有各个环节、领域通力配合，共同打通产业链上下游，其创造的价值才可能实现产业化。但广东目前的现实是从新材料到下游做成合格元器件，到合格元器件整合成功能模块，再到集成模块形成系统，直至形成最终产品推向市场，完整的供应链发育并不完整。新材料研发还过于依赖传统的直觉与试错的材料研究方法，还未与下游新器件、新模块形成一揽子全套集成解决开发方案，已有的新材料研发成果应用被动地由下游器件、模块企业单向自发纳入供应链，而新材料各门类在已成形的各条供应链基础上应用扩展、滋生形成新供应链的潜能也发挥不足，新材料加工工艺平台的欠缺造成产品族嵌入替代横向拓展困难，难以形成发展协力，显示出较为明显的独立发展态势。产业生态构成中，创新、生产、应用子系统与辅助支持因素之间的有机联系与支撑偏弱，专业化针对新材料开发应用的软件服务内容发育低下，造成广东新材料生态圈内生演进水平不高，硬件实体内容偏重，专业化软件服务成分偏轻，新材料产业发展整体支撑能力提高缓慢。这不仅表现在新材料本身制备装备的配套水平存在较大欠缺，也表现在基于下游产业装备的新材料制造工艺柔性加工成高品质器件、工业产品的能力差距上，技能人力资本供给满足不了需求。受高端高性能装备配套能力不足及与其相关的制造工艺技术积累不足的约束，针对特定应用目标、特定应用条件进行的新材料定制化开发开展缓慢,其结果是新材料实验室成果向下游产业扩散应用转化成制造情境下的新器件、新产品十分困难,下游产业先进制造技术如智能制造、大数据等向上游新材料产业的渗透不足、带动不足,同时支持新材料产业与下游产业双向融合的新业态提供发育滞后,新材料各门类能够提供新材料全套解决方案的智力密集型制造服务的企业呈离散游离状态,使得广东新材料产业发展表现出十分明显的自身独立驱动发展特征。广东新材料产业开展制造服务化与服务型制造程度不高,未能形成一条新产品供应链的突破带动起一个新产品族供应链的突破,与下游产业、配套产业融合发展与互动不足。这既是机制问题,也是能力问题,而这些问题已经属于产业发展深层次的矛盾及结构性问题,且已经成为新时期广东新材料产业发展必须要正视的问题。

第四章　新材料发展趋势与广东新材料产业面临的形势

一、新材料发展趋势

(一) 新材料产业角色正发生着巨大变迁

材料是所有产业的基础和先导，它服务于国民经济、社会发展、国防建设和人民生活的各个领域，是经济建设、社会进步和国家安全的物质基础和先导，更是体现一个国家科技发展水平的关键标志之一，是当前最重要、发展最快的科学技术领域之一。

长期以来材料产业以基础通用型材料为主，其特征表现为大批量、大规模、标准化，发挥着产业基础性中间投入作用。然而，随着科技进步速度的加快，越来越多的由产品需求开始开发的专用特殊用途材料层出不穷，成为带动下游产业技术进步的载体与先导。随着全球新兴高技术产业发展不断提速和传统材料的高技术化步伐不断加快，新材料市场需求迅速发展，应用领域不断拓宽，发展空间也不断延伸，其产业角色也正经历着重塑。

新材料产业对国家社会经济的重要性主要有三：一是新材料技术的突破往往源于物理、化学等基础科学层面的重大发现，很有可能引领一整条产业链的发展乃至颠覆；二是新材料是大部分硬科技产业的上游环节，是技术壁垒最高、最容易受制于人的部分，战略价值极高（科技大国无一不是新材料大国）；三是新材料技术附加值高，处在"微笑曲线"左侧位置，一旦站稳市场，极有可能维持数十年的盈利周期。新材料的作用由基础性向引领性、颠覆性角色跨越。美国将新材料称为"科技发展的骨肉"，而

"一代装备，一代材料"开始向"一代材料，一代制造，一代装备"转变。材料革命引起工程革命，这一态势不断彰显出材料的战略作用，每一次新材料的重大突破都会引起制造业的重大变革，进而带动新兴产业崛起。而新材料及其加工技术，不仅是历次工业革命的物质基础与先导，更是人类文明进步的基石。发展材料技术既可促进我国战略性新兴产业的形成与发展，又将带动传统产业和支柱产业的技术提升和产品的更新换代，新时期我国新材料发展重点也由原材料、基础化工材料为主逐步过渡至更为关注新兴材料、半导体材料、新能源材料、节能（轻量化）材料。

由于战略性价值越来越集中于新近发展的或正在研发的、性能超群的一些材料，这些新材料具有比传统材料更为优异的性能。新材料技术，是按照人的意志，通过物理研究、材料设计、材料加工、试验评价等一系列研究过程，创造出能满足各种需要的新型材料的技术。在新一轮产业革命中，以人工智能、量子计算为代表的先进信息技术，以太阳能、风能、固态锂电池、氢燃料电池为代表的新能源技术等，其发展与突破都离不开新材料的开发。新材料在经济发展中的作用，正逐渐从基础性、支撑性向颠覆性、引领性转变，而新材料从研发到投入市场的时间跨度也越来越长。这表现在伴随着新材料研究技术的不断延展，产生了诸多与人类生活水平的提升息息相关的新兴产业。如氮化镓、碳化硅、砷化镓等化合物半导体材料的发展，催生了半导体照明技术，给照明工业带来革命性变化；质子膜燃料电池（PEMFC）已用于交通示范运行，促进了新能源汽车产业的发展。拥有传感功能、反馈功能、信息识别和积累功能、响应功能、自诊断能力、自修复能力以及自调解能力的新材料技术的突破将在很大程度上使材料产品实现智能化，这些智能材料的广泛应用可以加速人工智能产业的发展。最受瞩目的快速成型技术，在航空、航天、航海、兵器、医疗、汽车、工业等领域发展前景广阔，以增材制造（3D打印）为代表的先进制造技术正在快速发展，它被公认是"第三次工业革命"的核心技术，已成为越来越多企业实现产业升级和技术转型的新方向；而材料则是增材制造的物质基础和根本保障，通过设计专用合金，可以最大限度地发挥增材制造的优势，通过适当改性或复合高分子材料和陶瓷材料，便可用于增材制造领域。由于增材制造材料必须形成与持续发展的装备和工艺软件相适应的原材料体系才能发挥作用,这使得增材制造材料的突破成为一个全套解决方案的交钥匙工程,又带动了增材制造全产业链的全面提高,深刻影响了制造业的发展。而作为"21世纪最有希望的工程塑料",特种工程塑料聚酰亚胺(PI)具有优异的耐高温、耐低温、高强高模、高抗蠕变、高尺寸稳定、低热膨胀系数、高电绝缘、低介电常数与低损耗、耐辐射、耐腐蚀等优点,在航空航天、电气绝缘、液晶显示、汽车医疗、原子能、卫星、核潜艇、微电子等高新技术领域具有广阔的应用前景。聚酰亚胺能够显著提高产品的性能,蕴含着巨大的商业价值。这再一次说明,上游材料的突破能够带动下游产品的突破。

新材料技术的诞生是基础研究和应用基础研究相互融合促进的产物,材料往往需要经历化学性质的改良和物理加工改进,因而新材料的研发长期被归为一种典型的试错性研发,经历周期往往较长。21世纪以来,全球新材料技术发展的轨迹发生的重大调整深刻影响着新材料的研发。随着高端制造业的进一步完善,新材料围绕功能化、智能化、集成化发展路径,与纳米技术、生物技术、信息技术等新兴产业深度融合,这一模式成为新材料科技进步的重要手段。新材料、信息、能源、生物等学科间交叉融合不断深化,大数据、数字仿真等技术在新材料研发设计中的作用不断突出,材料的产品物质载体位势下降,信息与智能化功能作用上升,"互联网+"、人工智能、材料基因组计划、增材制造等新技术、新模式蓬勃兴起,新材料创新步伐持续加快,新技术更新迭代日益加速,新思路、新创意、新产品层出不穷,国际市场竞争日趋激烈。而随着超级计算机、大数据、人工智能、量子计算等先进信息技术的发展,新材料研发过程正在产生巨变。其中材料基因组、量子化学等方法可为新材料研发提供海量化数据,上述技术的应用可使新材料的研发周期大幅缩短,制备成本显著下降,驱动新材料研发加速向第四范式转变,人工智能、大数据等技术在新材料开发中的作用将进一步突显。这样一来,一方面,新材料技术发展日新月异,转化速度加快,前沿技术的突破与赋能使得新兴材料产业不断涌现;另一方面,新材料与传统材料产业的结合日益紧密,传统材料产业正通过产品性能的优化和更新换代向新材料产业拓展。在此背景下,随着新材料研究的不断深入和应用领域的逐步扩大,新材料发展水平已成为衡量一个国家经济发展、科技水平与国防实力的重要标准，同时也是限制国家经济增长的重要因素。新材料技术在全球经济发展与产业升级变革中的支撑性、引领性作用不断加强。新材料技术既是世界科技强国角逐的重点，也是破解全球性问题的关键所在。

（二）新材料多学科交叉融合及世界各国多部门参与，"举国体制"特征不断强化

工程与应用领域的多样性、复杂性推动着材料科学与工程的复杂性越来越高，而以新一代信息技术、新能源、智能制造等为代表的新兴产业快速发展，对材料提出了更高的要求，如超高纯度、超高性能、超低缺陷、高速迭代、多功能、高耐用、低成本、易回收、设备精良等，这需要材料与信息、能源、生物医用、交通、建筑等产业的结合越来越紧密，新材料的研制难度前所未有。新材料技术与产业发展正变得越来越不单是材料产业本身发展的事情，作为物质、信息乃至智能载体的新材料，只有在与其他各方面技术整体适配的前提下才能获得扩张。材料科学发展的主导方向越来越体现出科学发展的重要趋势，这促使材料科学与工程及生物学、医学、电子学、光学等其他学科交叉的领域和规模都在不断扩大；而与高新科技相结合，二者的融合又促进了二者的共同发展，这使得材料科学的发展呈现出全新的发展态势。当前对学科交叉的有力推动，在促进材料事业的超前发展方面起到了举足轻重的作用。高科技的需求促进了功能材料的智能化发展，军事工业的介入又使得智能材料等成为多学科综合交叉的研究热点。

在材料"试错—纠错"的传统研发模式下，新材料的研发大都基于研发人员自身的知识储备和认知能力，通过反复迭代的试错、纠错，不断改进材料性能，实现新材料的设计与研发。随着新一轮工业革命和互联网时代的到来，旧有的材料研发模式与研发速度严重滞后于材料性能需求的速度，已不能适应工业快速发展的需求，反而成为制约技术发展和工业进步的瓶颈，按需逆向设计和精准控制性能已成为新材料设计的必然趋势。

20世纪末，美国兴起组合材料学（combinatorial materials science, CMS），通过并行合成和高通量表征技术，实现了新材料的快速制备和筛

选；21世纪初，美国和欧洲部分国家提出的集成计算材料工程（integrated computational materials engineering，ICME），将不同时间尺度和空间尺度的多种材料模拟方法相结合，在新材料设计领域取得了突破。由于材料的基础性与当代研发涉及的多学科性、复杂性越来越高，其科技开发越来越需要各相关部门协同合作，各国都相继改变了单打独斗、孤立看待新材料技术发展的研发模式，而致力于把材料发展纳入产、学、研、官一体化的平台，以满足材料开发对各部门相应提出的不同要求，国家意志开始突显。随着材料领域的不断扩展和研究的不断深入，这种多部门参与的趋势将不断加强。

近年来，全球范围内兴起的"材料基因组计划"（materials genome initiative，MGI），是从微观结构层次，采用计算机数字模拟仿真，研究具有性能优异或特殊功能的新材料。其核心内容是设计高通量材料计算方法，进行高通量实验制备以及搭建专用数据化资料库，三大技术相互融合，从而快速研发出能够满足日益增长的性能需求的新材料，实现先进材料的发现、开发、制造与应用，研发成本降低一半的宏伟目标。该计划被视为实现材料科学技术飞跃和新材料高效研发与设计的基础，是新材料研发的加速器。

美国是全球新材料领域的重要领导者。2011年美国率先将材料基因组计划（MGI）提升至国家战略计划，美国能源部、国防部、国家科学基金会、国家标准技术研究院以及美国宇航局等联邦机构在研发资源与基础设施上投入巨资支持该计划，MGI现已从少数联邦机构牵头参与，发展为全美企业、研究机构、大学广泛参与的国家项目。与此同时，2018年，美国开始从国家层面把新材料列为影响经济繁荣和国家安全的六大类关键技术之首，在确定的22项关键技术中，材料占了5项（材料的合成和加工、电子和光电子材料、陶瓷、复合材料、高性能金属和合金）；2020年与2022年做出调整，又均将先进工程材料纳入美国关键和新兴技术清单，并制订了一系列与新材料相关的战略性计划，主要包括"国家纳米技术计划""未来工业材料计划""光电子计划""光伏计划""下一代照明光源计划""先进汽车材料计划"和"化石能源材料计划"。

在美国带动下，欧盟相继推出"加速冶金学"（accelerated metallurgy，

ACCMET)计划、"2012—2022欧洲冶金复兴计划"以及"新材料发现"(novel materials discovery,NOMAD)项目,现已建成NOMAD数据库,以托管、组织和共享材料数据。2014年,欧盟提出石墨烯旗舰计划,投资10亿欧元支持石墨烯制备、应用等13个方向的研发工作,推出"纳米科学、纳米技术/材料与新制造技术"(NMP)项目以及"研究网络计划",加速高性能合金及新一代材料的研发。

日本作为材料研发传统强国,在美国公布材料基因组计划后感到了严重的危机感。2012年,日本文部科学省发布了新学术领域大型科研计划——"纳米结构信息的前沿拓展",开始了纳米级的材料信息解析;2014年,日本内阁府发布"创新结构材料"计划,开始了以高强度、高耐热、高轻便为目标的新材料合成;2015年,日本新能源和产业技术综合开发机构(NEDO)启动"超尖端材料超高速研发基础技术项目",日本科学技术振兴机构(JST)启动"理论、实验、计算科学与数据科学融合的尖端材料信息解析基础技术架构"研究,同年,作为科学技术振兴机构创新中心建设计划之一,国立科研单位物质和材料研究机构(NIMS)提出了"信息集成型物质和材料研发计划"(materials research by information integration initiative,MI2I),在蓄电池材料、磁性材料、导热控制、热电材料等领域开展数据驱动型的新型研究,以构筑数据驱动的信息化物质探索和材料研发新模式。MI2I计划被认为是日本版的信息集成型物质材料研发计划,至此,日本在材料基因组领域也正式开始了与欧美比肩的研究和探索。

(三)新材料技术与产业发展呈"六化"趋势,产业研发与应用上下游联系紧密

当今极端制造技术正向极大(如航母、极大规模集成电路等)和极小(如微纳芯片等)方向迅速推进,新材料技术与纳米技术、生物技术、热光电等传感技术、信息技术、制造技术的融合发展进一步加快,形成跨学科、跨领域发展态势。结构材料正向大型复杂构件整体化、结构/功能一体化、智能化制造方向发展,功能材料聚焦于未来颠覆性材料技术,注重从深入微观层次有目标地研发新材料,比较典型的如纳米材料技术,石墨烯、碳纳米管制备及应用技术,同时能感知外部刺激并据此改变自身性能

的功能材料出现智能化趋势，弱化了功能材料与结构材料的边界，而各大门类材料之间的交叉借鉴和互补促进，金属材料、有机材料和无机材料之间的界限也正在逐渐淡化，开始呈现出复合发展的态势。

新一轮科技和工业革命，促使新材料发展从革新走向革命，新材料正向着多样化、功能集成、结构微型、模块集成、数字智能等方向并行发展。单独的界限分明的材料门类特性已经转换为材料应用按用户的需求定制一揽子功能性能，新材料技术和产业发展趋势呈现"六化"趋势——材料发展低维化和复合化，高性能和高功能、多功能、结构功能一体化，功能材料智能化，材料与器件集成化，制备及应用绿色化。具体来看，低维材料，如量子材料、石墨烯等，是维数比三维小的材料，包括具有原子厚度的二维、一维和零维材料，由于这些材料晶体结构的特异性，故而造成许多低维材料展现出非常奇特的物理性能，低维材料的发展代表了下一代光电器件的方向——材料跟器件"不分家"，低维材料的不同组合将产生不同的功能与性能，这能够为下一代新型光电器件的发展与使用打下坚实基础；复合材料，如玻璃纤维、碳纤维等，将多种材料的特点和性能结合到了一起，具有轻质、高强度、低碳环保、性能与功能可设计性等优点，所形成的复合结构，满足了人们对不同材料的相同需求，给人们的生产生活带来了极大的便利。传统上，材料通常被划分为结构材料和功能材料。功能材料是指通过光、电、磁、热、化学、生化等作用后具有特定功能的材料。传统应用上，结构与功能两方面是分开的，但随着科学与技术的进步，各种结构和器件的小型化、集成化和多功能化已成为主要的发展趋势，这一方面对材料的性能提出了越来越高的要求；另一方面，还要求材料同时具备结构和功能的特性，材料的结构与功能呈现一体化发展趋势。基于这种态势，新材料技术本身开始向两个方向深化：一方面，新材料技术集成性越来越高，越来越成为内涵丰富的技术篮子，成为实现多种功能的共同物质载体；另一方面，实践中更加强调新材料的某一技术性能，如电、磁、光、力学等，所要实现的单维技术性能极限越来越高，进而支持下游产业应用达到更高的性能水平。

在这种背景下，新材料上游开发与下游应用联系更加紧密，针对特定的应用目的，一体化制造开发新材料可以加快研制速度。例如，为满足航空航天、高铁轨道交通等重大工程的高性能构件需求,高性能构件多服役于苛刻环境,一般要求具有超强承载、极端耐热、超高精度、超轻量化和高可靠性等特性,是高超飞行器、运载火箭、轨道空间站和核聚变装置等重大装备的核心组成部分,由于材料分布和多尺度结构特征对构件性能的耦合影响比较复杂,所以构件材料与结构匹配的性能设计困难,而受传统设计方法和制造工艺的约束,复杂构件整体制造困难,缺乏构件精确成型的调控方法,需反复试错,造成高性能目标控制困难,当前兴起的"材料—结构一体化设计与制造"模式是解决上述问题的有效途径。所谓材料—结构一体化设计与制造,是指通过材料与结构的匹配来优化设计,从宏微观多尺度发掘材料与结构潜力,突破现有设计极限;采用增/减材复合制造,发展复杂构件整体制造新方法。它强化了梯度材料组织与多尺度结构的形性协调,能够实现构件性能的精确调控,成为推进先进制造业升级的重要方面。而随着新材料技术的集成化、单维化,以及下游元器件的微型化,新材料技术与下游元器件一体化开发趋势日益明显,材料技术与元器件技术日益成为不可分割的整体,新材料企业与器件、模块企业之间的界限日趋模糊。新材料产业与上下游产业相互合作,彼此融合得更加紧密。例如,随着信息载体从电子向光电子和光子转换步伐的加快,信息功能材料与器件融合正向材料、器件、电路一体化的功能系统集成芯片材料和纳米结构材料方向发展,在芯片集成电路领域体现为流行的芯片IDM(设计、制造及封测一体化)、CIDM(企业共同体IDM)模式日渐成为主流。而随着器件向微型化、多功能化、模块集成化方向发展,功能材料的多功能集成化、材料和器件的一体化就成为重要的发展趋势,促使新材料开发的一个重要趋势是按特定专用的器件、模块应用目标来展开,针对特定的应用条件来进行定制化开发新材料,专用器件与新材料开发一体化程度深化。在这方面为提高新材料的综合研发能力,欧洲多个国家已经通过相关政策来促进新材料的发展,将高端制造产业与纳米技术相结合,得到的产品功能将更齐全,更具现代智能,模块集成程度更高,成品更灵巧。这不但加快了新材料的研制速度,提高了材料的使用性,也便于新材料迅速转化为实际应用。

二、广东新材料产业发展面临的形势

（一）全球国际政治经济形势发生重大变化，进一步突显上游新材料产业的重要性

2010年以来，世界国际政治经济形势发生重大变化，全球范围内自由贸易形势发生重大转变，"逆全球化"的民族主义、民粹主义、贸易保护主义抬头，叠加2020年新冠疫情、2022年俄乌战争对供应链安全考量与地缘政治产生的巨大冲击，造成供应链"去中国化"进程不断深化。全球供应链区域收缩重整，发达国家越来越频繁地以"国家安全、举国体制"的形式对中国的和平崛起展开围堵，从20世纪90年代开始，对中国二十余年面对的稳定的自由贸易与全球化发展环境形成巨大冲击，不稳定、不确定因素不断增加。2017年，随着特朗普政府上台，美国开始实施大规模减税、制造业回流复兴计划，与此同时，中国GDP突破10万亿元，位居全球第二；经过2020年疫情的冲击，中国GDP与美国GDP的比例进一步上升，达到70%，以美、日、欧盟为主体的发达国家开始重新调整与中国的政治经济关系。美国将自身与中国政治经济的关系从战略伙伴定位转变为头号战略竞争对手；2021年，拜登政府上台后进一步明确将中国视为美最严峻的竞争者，将应对"中国挑战"并以战略竞争作为处理对华关系的基本框架，并将中国科技公司出口的"实体清单"扩展到在美国上市的中概股"退市名单"。与特朗普时代以"美国优先"绝对的单边主义、激进的孤立主义进行中美脱钩存在差异，拜登政府更强调团结发达国家盟友建立联合同盟战线来一起围堵中国，推动美欧供应链与中国脱钩，在全球范围内技巧性地打击中国供应链，破坏全球"你中有我，我中有你"的供应链体系。奥巴马时代对中国的地缘政治叠加地缘经济的双重施压；在特朗普时代直接转变为启动全面性竞争机制，与中国展开博弈；而在拜登时代，中国更被美国定位为体系性的竞争者，需要激活壮大同盟战线来应对中国竞争，对华持续实施关税战、贸易战、科技战。在中美经贸战不断深入与全球供应链"去中国化"持续深化的情况下，叠加国内人口红利消

失、制造业成本上升、发达国家供应链重整与"再工业化"进程加快，最终导致部分企业直接将工厂迁出中国。而美国政府频繁出手，如在半导体集成电路领域采取"长臂管辖"，不断打压被列入实体清单的中国公司；美国还发起科技战、间谍战，以针对中国高科技企业如华为的通信设备出口与5G所发起的全球围堵和中兴芯片事件为起始，作为针对中国实施"千人计划""万人计划"的反应，美国政府加大了对中美科学家人员交流与科研合作的限制，美国华裔科学家间谍事件以及针对中国智慧资产保护、强制性技术转移问题谈判不断升级，2022年美国更是出台了禁止美国人（尤其是持有美国护照的华人高管）在华从事芯片相关工作的法案，美国监管机构也在持续收紧限制中资企业对美技术企业的资金收购交易。以上种种都直接瞄准《中国制造2025》与中国高新技术产业发展，其核心目的都是为了试图隔断先进技术向中国的转移，降低对中国供应链的依赖，以阻遏中国的发展，意图以最低成本巩固美国的国际优势，从而维持美国的绝对领先地位，以赢得与中国的战略竞争，达成所期望的"美国优先"目标。

在美国前后几任政府的带动下，欧盟对华战略也发生了变化，开始重点审视中国且重构中欧关系。2019年3月12日，欧盟发表名为《中欧战略展望》的文件，重新定义了中欧战略关系，认定中国在某些政策领域是欧盟的"合作伙伴"，又是欧盟寻求利益平衡的"谈判伙伴"，也是寻求技术领导地位的"经济竞争对手"，更是治理模式的"制度性竞争对手"。2013年，欧盟在《中欧2020年合作战略议程》文件中把中国确立为"全面战略伙伴关系"。六年时间里，欧盟对华战略定位从"伙伴"转变到"对手"。从"经济竞争对手"的视角来看，欧盟认为，中国已不再是一个发展中国家，而是欧盟的"战略竞争对手"。欧盟认为，中国为了使其产业保持国内市场的领先地位，通过选择性的市场开放、许可证和其他投资限制来保护本国产业不受竞争，对国有和私营企业给予高额补贴，关闭采购市场；欧盟企业在中国必须接受繁杂的要求，作为进入中国市场的先决条件，例如与当地公司建立合资企业或将关键技术转让给中国同行。基于"合作伙伴"和"谈判伙伴"的关系，欧盟提出应对中国的10个行动计划。10个行动计划中很大部分呼吁中国履行承诺，特别是关于补贴与强制技术转移改革，达成双边投资协议与地理标志协议，促进对等和开放的采购机会，以及全面和有效地实施外国直接投资审查制度。欧盟实施的这10个行动计划，将直接影响中欧每年4.9万亿美元的贸易与投资。欧盟这些诉求与中美贸易战美国的诉求相同，欧盟对中国直接投资的限制与《美国外国投资风险评估现代化法案》如出一辙。与这种转变相配合，欧盟冻结了2020年底签订的《中欧贸易协定》，从政策到舆论都不断鼓励欧洲企业将产业链分散化或回迁欧盟周边地区。欧盟在7500亿欧元的刺激计划中指出，欧盟要在关键供应链实现高度自给。2020年新冠疫情、2022年俄乌战争爆发，以德、法为代表的欧盟发达国家对欧盟制造业空心化以及欧盟对俄罗斯能源供应链的过度依赖所造成的能源安全"卡脖子"问题的反思，促进了欧、美、日、韩、新的基于政治导向的国家同盟阵营的加速形成，这势必导致原来基于经济互补的全球分工协作，转向政治关系更加紧密、国家政治诉求相近的国家，全球化分化为几个重要的区域经济合作模式正呼之欲出。欧盟发达国家因为新冠疫情与俄乌战争的爆发，可能在制造业领域做出新的决策，从而进一步冲击现有的制造业全球格局。虽然欧、美、日不可能将产业链完全转移回本土，但不代表不可以转移到他国，欧美扶持以越南和印度为首的新兴经济体，稀释甚至取代中国世界工厂的地位。正在推进的全球产业链"弱中国化"会提前加速为"去中国化"的进程。从中美贸易战到欧盟对华战略大变脸，再次表明西方国家不接受中国特色的市场经济对贸易和投资产生的影响。当中国经济体量不太大时，西方国家感受不到威胁，当中国经济体量足够大以及中国在高科技前沿接近西方时，西方国家感受到了威胁。有了威胁感，迫使西方国家不得不寻求他们认为的公平竞争，因为西方国家的企业不具备中国企业的体制优势。

近年来中国对外经济关系已被两度敲响警钟，一次是中美贸易战，另一次是欧盟对华战略大变脸。警钟的含义是指西方发达国家从内部意识到国家制造业空心化存在的风险，以及向中国发出了质疑其技术产业发展模式的信号，重点集中在智慧财产权保护、国企补贴以及强迫技术转让等方面，要求中国采取措施进行结构性改革。2002年中国加入WTO以来，在稳定的贸易自由化、全球化发展环境下所形成的吸引外资以"市场换技术",海外并购用"资金换技术",外包外向型经济模式,集中力量突破标志性国家(政府)重大项目的"举国体制",以重点产品突破为目标的企业补贴与扶持等成效显著的"国外先进技术引进—模仿—创新—突破"的高新技术主流发展模式,一定程度上促进了科技发展,但不可否认也造成了依赖发达国家技术源头,国内高端元器件中间品制造能力偏弱,系统集成龙头平台力量带动较强的产业发展特征。在全球经济发展环境稳定的情况下取得了举世瞩目的发展成效,成为过去三十余年公认的经济全球化与贸易自由化的最大赢家。但当以美国为首的发达国家针对中国的发展,态度转变为战略竞争对手,且建立同盟战线对中国进行围堵,直接从源头着手主动推进供应链"去中国化",实行市场禁入与"科技冷战",隔断先进技术向中国的转移时,中国主流技术来源的渠道——主要通过吸引发达国家对华投资以及中国对美欧发达国家的投资,以市场、以资金换技术,这一前景将变得越来越暗淡。而针对美欧发达国家研究机构、高校的科研项目资金研发合作以及中国的人才计划也已引起了美欧发达国家的强烈关注,三十年来依托自由贸易和全球化开创的科技创新带动成长的模式将难以为继,通过不断逼近前沿的技术引进、反求工程与模仿创新也难以为继,中国技术密集型产业必须寻找形成自控性强的产业技术进步新模式,否则将面临愈发严峻的产业技术进步升级能否持续的问题。

作为国民经济、社会生活和国防建设上游基础与先导产业,新材料产业在当前中国面临的四十年未遇之大变局下,其地位的重要性愈发显现。针对加入WTO后所形成的技术密集型产业下游终端系统集成能力超过上游新材料及高端元器件能力的产业弱点,以及全球供应链支持下的技术进步路径,美、日、欧发达国家越来越频繁地以国家安全的名义,对上游新材料、重大关键材料、高端元器件采取出口管控、进口市场限制以及其他方式,打压中国技术密集产业的龙头企业,从而对中国技术密集型终端产品供给形成直接的威慑与打击。以中兴芯片事件和芯片半导体产业为开端,对华为、海康威视、大疆等广东科技企业的极限施压也接踵而至,保障上游产业新材料与高端元器件供应链已成为应对短期冲击,维护中国技术密集型产业发展安全的首要任务。而随着西方发达国家从投资、研发合作、人员交流等方面对中国采取全方位的日趋严格的技术封锁,中国技术密集型产业被直接推上了需要自主发展重塑本土产业发展生态的道路，这也是中国要打破发达国家战略围堵的必然选择。这一选择使得为开拓本土内需市场及拓展"一带一路"多样化区域市场中以多元产品创新展开的与发达国家技术密集型产业的直接竞争无法避免，在这一过程中，新材料产业要发挥支撑乃至引领本土龙头企业供应链完善、完成进口替代直至自主创新实现突破的作用。从短期目标到中长期目标，现实形势无一不诠释出产业创新、材料先行的发展转型，新材料无疑是中国制造产业升级背后坚定而持续的驱动力和产业根基，新材料产业发展的重要性进一步显现。

（二）发达国家高度重视，抢占新材料产业发展制高点

新材料产业作为 21 世纪初发展最快的高新技术产业之一，高新技术发展是促使材料不断更新换代的直接推动力，绿色、低碳、环保、低成本成为新材料发展的强劲动力，新材料研发水平和产业化规模已成为衡量一个国家综合实力的重要标志。随着以美国为代表的发达国家制造业回流与复兴进程的加快，以及全球贸易保护主义流行，供应链安全、经济安全和产业安全已经越来越成为全球各国高度关注的问题。当前新材料产业的发展主要聚焦两大主题：一是实现关键战略材料的自给自足，在产业链核心领域避免"卡脖子"现象的发生。特别是关键原材料供应安全受到全球关注，以美国为代表的西方国家欲构建关键原材料"国际联盟"。美国能源部宣布，将在 2022—2024 年出资 3000 万美元用于开发新技术，以确保构建清洁能源技术所需的关键材料供给，旨在使稀土和铂族元素的供应多元化，开发替代品并改善其回收与再利用。2021 年，英国极地研究与政策倡议组织发布《"五眼"关键矿产联盟：关注格陵兰岛》报告，指出"五眼联盟"国家应加强与格陵兰岛的战略合作，增加对盟国关键矿产资源的供应，并减少对"稀土垄断大国"中国的依赖。二是紧跟全球前沿新材料的发展动向。各国继续加强新材料布局，抓住前沿新材料创新发展的契机，推出多项新材料研发计划，突出新材料对以工业 4.0 先进制造的支撑与产业发展的引领为明显特征，以支撑未来新兴产业的发展。

长期以来，新材料产业的创新源头是美国、日本和欧洲等发达国家和

地区，它们拥有全世界绝大部分大型跨国公司，在经济实力、核心技术、研发能力、市场占有率等方面占据绝对优势，占据全球市场垄断地位。例如，日、美、德的六家企业碳纤维产能占了全球的70%以上。其中，日本东丽是世界上高性能碳纤维研究与生产领域的"领头羊"，是世界上最大的碳纤维制造企业（含收购的卓尔泰克的产能），碳纤维产能达5.75万吨，占全球碳纤维运行产能的27.7%，其生产的碳纤维综合竞争力全球排名第一，业内一般对标东丽的产品标准进行研发，其他主要的海外厂商有美国赫氏、日本东邦、日本三菱丽阳、德国西德里以及台湾地区的台塑集团等。手机射频芯片将数字信号转化成电磁波，高端市场基本被思佳讯、威讯联合半导体和博通公司三家垄断，美国高通也占一席之地；手机射频器件的另一个关键元件——滤波器，国内外差距更大。而全球能制造高纯度电子级硅的企业不足100家，其中的15家硅晶圆厂垄断了95%以上的市场。以信越半导体（日本）、盛高（日本）、环球晶圆（中国台湾）、世创（德国）、LG（韩国）等为代表的晶圆企业几乎为全球八成的半导体企业供货；在技术含量更高的12英寸硅片市场，5家企业的市场占有率超过了97%；等等。新材料全面领跑的国家是美国，日本的优势在纳米材料、电子信息材料等领域，欧洲在结构材料、光学与光电材料等方面有明显优势。中国、韩国、俄罗斯紧随其后，目前属于第二梯队。中国在半导体照明、稀土永磁材料、人工晶体材料，韩国在显示材料、存储材料，俄罗斯在航空航天材料等方面具有比较优势。除巴西、印度等少数国家之外，大多数发展中国家的新材料产业相对落后。

当前世界各国特别是发达国家纷纷将新材料作为未来研发优先事项，美、日、韩、欧盟和俄罗斯等纷纷制定相应的研究开发计划和政策并表现出明显的政策连续性。美国高度重视新材料产业的发展，克林顿时期，美国政府出台《技术促进美国经济增长：建设经济实力的新方向》政策报告，旨在振兴美国制造业。在此框架下，美国先后发布《未来工业材料计划》《国家纳米技术计划》等一系列重大科技创新计划，出台《先进技术计划（ATP）》《先进技术与工艺技术计划（AMPP）》《光伏建筑物计划》《先进汽车材料计划》等政策，支持美国新材料产业的发展。克林顿时期，美国新材料技术不断取得新突破，在空间材料、超导材料、生物材料、能源材料等领域领先全球。小布什时期，美国在新材料领域发布了《国家半导体照明研究计划》《21世纪纳米技术研究开发法案》《国家氢燃料研究计划》，把半导体技术、纳米技术和氢能源等作为研发重点领域。2016年，美国发布《国家制造业创新网络战略规划》，组建轻质现代金属制造创新研究所、复合材料制造创新研究所等，重点发展先进合金、新兴半导体、碳纤维复合材料等重点材料领域。在白宫发布的《2020财年行政机构研发预算优先事项》备忘录中，美国提出要开发先进材料和相关加工技术，包括高性能材料、关键材料和增材制造。特朗普时期，美国开始通过出口管制支持新材料产业的发展。美国国家科学基金会发布2021年版"通过材料设计以变革我们的未来"（DMREF）计划，拟强化跨领域、跨机构间合作，并向25个研究项目提供4000万美元的资助。此外，美国国家科学基金会还启动了"新兴量子材料与技术"（EQUATE）5年期研究计划，资助额度为2000万美元。美国白宫科技政策办公室和国家纳米技术协调办公室发布《2021年国家纳米技术倡议（NNI）战略计划》，提出未来5年的具体目标和行动，以吸引全美各界参与，确保美国在纳米材料发现、转化、相关产品制造方面继续处于世界领先地位。整体来看，美国主要围绕"保持新材料的全球领导地位"的目标来制定相应的政策。

日本是世界公认的材料强国，历来十分重视新材料技术的发展，是新材料生产技术最先进的国家。在新材料产业的发展上，日本提出"要注重新材料的实用性，考虑环境和资源协调发展"的目标，并把重点开发新材料列为国家高新技术的第二大目标，推动日本材料企业在全球新材料产业界形成一枝独秀的领先局面。日本早在"第三期科学技术基本计划"中就将纳米技术与材料确定为国家级优先发展领域，在《日本产业结构展望2010》中将高温超导技术、纳米技术、碳纤维技术、功能化学技术、高性能IT技术等尖端技术及产业作为新材料的未来发展方向，在"氢基本战略"中将氢能源上升到了国家战略地位，持续推动燃料电池技术的发展。2016年1月22日，日本政府审议通过了《第五期科学技术基本计划（2016—2020）》，5年内确保研发投资规模占GDP比例的4%以上。在新材料占有率方面，日本的新材料产业凭借其超前的研发优势、研发成果、实用化开发力度，在环境、新能源材料全球市场占据绝对的优势地位。日本政府最新发布的《材料创新力强化战略》提出，到2030年需要重点推进四项具体举措——整合以数据为基础的材料研发平台，重要材料技术和应用领域的战略性推进，构建材料创新生态系统，积极培养并留住能够支撑材料创新力的人才。通过政府对新材料技术的长期支持，日本新材料产业快速发展，确保了在半导体材料、电子材料、碳纤维复合材料等领域的全球领导地位。而在最高精尖的三种材料技术方面——制造洲际弹道导弹喷管和壳体以及飞机骨架的高强度碳纤维材料，制造最高性能主动相控阵军用雷达的宽禁带半导体收发组件材料以及制造最新式涡轮发动机涡轮叶片的高性能单晶叶片，日本亦遥遥领先，其他国家只能望其项背。

欧盟的新材料产业与美国存在差异，欧盟在先进材料技术研发与创新政策方面确定了三大目标：保障能源安全、提高资源利用和促进大众健康等。欧盟委员会为其第九框架计划确定了新的六大关键使能技术，其中先进材料和纳米技术被列为一类关键使能技术，涉及高性能材料、智能材料、可持续材料、纳米材料、生物材料和二维材料等。欧盟提出石墨烯旗舰计划，投资10亿欧元支持石墨烯制备、应用等十三个方向的研发；2020年3月，欧盟委员会签署了一项价值1.5亿欧元的资助协议，将继续资助欧洲石墨烯旗舰计划，致力于石墨烯及其相关材料方面的研究和创新。欧洲还启动了"欧洲空间技术用合格碳纤维和预浸料"项目，旨在应对欧洲卫星子系统所需的高模量/超高模量碳纤维均为非欧洲公司生产的现状，同时提升欧洲本土公司相关技术水平。

2018年，韩国未来创造科学部发布《创新增长引擎计划》，将先进材料列为产业基础类创新增长引擎，计划2022年成为世界先进材料出口国，全球份额位列第五。为力争在短期内成为世界新材料科技产业强国，韩国在2025年构想中列出了为未来建立产业竞争力开发必需的材料加工技术清单，包括下一代高密度存储材料、生态材料、生物材料、自组装的纳米材料技术、未来碳材料技术、高性能结构材料等。世界主要国家或组织出台的新材料计划如表4-1所示。

第四章　新材料发展趋势与广东新材料产业面的临形势

表4-1　世界主要国家或组织出台的新材料计划

国家或组织	出台的计划	涉及新材料相关领域
美国	先进制造业国家战略计划、重整美国制造业政策框架、先进制造伙伴计划（AMP）、纳米技术签名倡议、国家生物经济蓝图、电动汽车国家创新计划、"智慧地球"计划、大数据研究与开发计划、下一代照明计划、低成本宽禁带半导体晶体发展战略计划、未来工业材料计划、国家纳米技术计划、先进技术计划（ATP）、先进技术与工艺技术计划（AMPP）、光伏建筑物计划、先进汽车材料计划、国家半导体照明研究计划、21世纪纳米技术研究开发法案、国家氢燃料研究计划、国家制造业创新网络战略规划、2021年版"通过材料设计以变革我们的未来"（DM-REF）计划、"新兴量子材料与技术"（E-QUATE）5年期研究计划、2021年国家纳米技术倡议（NNI）战略计划	新能源材料、生物与医药材料、环保材料、纳米材料、先进制造、新一代信息与网络技术和电动汽车相关材料、材料基因组、宽禁带半导体材料、空间材料、超导材料、先进合金材料、新兴半导体材料、碳纤维复合材料等
欧盟	欧盟能源技术战略计划、能源2020战略、物联网战略研究路线图、欧洲2020战略、可持续增长创新、欧洲生物经济、"地平线2020"计划、彩虹计划、旗舰计划、石墨烯旗舰计划	低碳产业相关材料、信息技术（重点是物联网）相关材料、生物材料、石墨烯、高性能材料、智能材料、可持续材料、纳米材料、二维材料、高模量/超高模量碳纤维材料等
英国	低碳转型计划、英国可再生能源发展路线图、技术与创新中心计划、海洋产业增长战略、合成生物学路线图、英国工业2050	低碳产业相关材料、高附加值制造业相关材料、生物材料、海洋材料等
德国	能源战略2050：清洁可靠和经济的能源系统、高科技战略行动计划、2020高科技战略、生物经济2030国家研究战略、国家电动汽车发展规划、工业4.0	可再生能源材料、生物材料、电动汽车相关材料等

续表

国家或组织	出台的计划	涉及新材料相关领域
法国	环保改革路线图、未来十年投资计划、互联网：展望2030年	可再生能源材料、环保材料、信息材料、环保汽车相关材料等
日本	新增长战略、信息技术发展计划新国家能源战略、能源基本计划、创建最尖端IT国家宣言、下一代汽车计划、海洋基本计划、第三期科学技术基本计划、日本产业结构展望2010、氢基本战略、第五期科学技术基本计划（2016—2020）、材料创新力强化战略	新能源材料、节能环保材料、信息材料、新型汽车相关材料、纳米材料与技术、高温超导技术、功能化学技术、高性能IT技术、燃料电池技术、半导体材料、电子材料、碳纤维复合材料、高强度碳纤维材料、宽禁带半导体收发组件材料、高性能单晶叶片等
韩国	新增长动力规划及发展战略、核能振兴综合计划、IT未来战略、国家融合技术发展基本计划、第三次科学技术基本计划、创新增长引擎计划、2025年构想	可再生能源材料、信息材料、纳米材料、下一代高密度存储材料、生态材料、生物材料、自组装的纳米材料技术、未来碳材料技术、高性能结构材料等
俄罗斯	2030年前能源战略、2020年前科技发展、国家能源发展规划、2020年前生物技术发展综合计划、2025年前国家电子及无线电电子工业发展专项计划、2030年前科学技术发展优先方向	新能源材料、节能环保材料、纳米材料、生物材料、医疗和健康材料、信息材料等
巴西	低碳战略计划、科技创新行动计划	新能源材料，环保汽车、民用航空、现代生物农业相关材料
印度	气候变化国家行动计划、国家太阳能计划、科学、技术与创新政策	新能源材料、生物材料等
南非	国家战略规划绿皮书、新工业政策行动计划、2030发展规划、综合资源规划	新能源材料、生物制药材料、航空航天相关材料等

（三）我国新材料产业发展区域布局已成框架，政府给予高度重视

新材料产业作为我国高新技术产业、战略性新兴产业的重要组成部分，近两年在"逆全球化"背景下频频发生关键部件材料供应链"卡脖子"事件，这使得新材料产业的战略地位不断提升，各地在新材料产业发展方面表现出长期的政策延续性，并提出了"十四五"时期新材料发展规划目标（表4-2）。"十二五"规划以来，各地政府把积极推动新材料产业基地建设作为重要抓手，加强资源整合，持续加大自主创新支持力度，我国新材料产业呈现出区域聚集发展的态势，区域特色逐步显现；从大的框架来看，已初步形成"东部沿海集聚，中西部特色发展"的空间格局，并已搭建起长三角地区、珠三角地区和环渤海地区新材料产业三大集群发展高地，其中山东、江苏、广东、浙江的新材料产业产值规模排在全国前四。位于长三角地区的江苏和浙江，工业基础雄厚，交通物流便利，民营经济活跃，产业配套齐全，已形成了包括航空航天钛合金材料、新能源、电子信息、化工新材料等在内的新材料产业集群。珠三角地区的经济主要以外向出口型为主，深圳、广州、东莞、珠海的新材料产业集中度高，下游产业应用特征拉动明显，已形成较为完整的产业链，在电子信息材料、改性工程塑料、陶瓷材料等领域具有较强的优势。2019年3月，中共中央、国务院印发《粤港澳大湾区发展规划纲要》，明确提出广东要推动新材料发展壮大，将其作为新支柱产业。位于环渤海地区的北京、天津、山东研发实力雄厚，技术创新推动作用明显，区域科技支撑能力较强，在稀土功能材料、膜材料、硅材料、高分子、高技术陶瓷、磁性材料和特种纤维等多个新材料领域均具有较大优势。

表4-2 "十四五"时期我国部分省市新材料发展规划目标

省市	规划目标
山西	到2021年新材料产业年销售收入突破1500亿元
西安	到2021年新材料产业产值力争超过1500亿元
山东	2022年新材料产业主营业务收入达到1.5万亿元

续表

省市	规划目标
江苏	2021—2023年新材料重点产业链建设,包括先进硬材料、纳米新材料、特钢材料、高温合金材料
安徽	2025年新材料工业总产值将达到8000亿元
浙江	2022年新材料产业年产值突破1万亿元
四川	2022年新材料产业主营业务收入突破1448亿元
江西	2023年新材料产值突破5000亿元,营业务收入突破4118亿元
湖南	2025年化工新材料产业链实现总产值1200亿元
广东	"十四五"期间,新材料产业制定了"五大重点任务"和"六大重点工程"

经过多年的建设与努力,各省区利用地方特色资源发展起来的新材料工业分布广泛,内蒙古的稀土新材料,云南和贵州的稀贵金属新材料,广西的有色金属新材料,宁波的钕铁硼永磁材料,广州、天津、青岛等地的化工新材料产业,重庆、西安、甘肃金昌、湖南长株潭、陕西宝鸡、山东威海及太原等地的航空航天材料、能源材料及重大装备材料,江苏徐州、河南洛阳、江苏连云港等地的多晶硅材料产业都形成了各自的区域特色。而为贯彻落实党的十九大报告提出的"促进我国产业迈向全球价值链中高端,培育若干世界级先进制造业集群",以及《中华人民共和国国民经济和社会发展第十四个五年规划和2035年远景目标纲要》提出的"培育先进制造业集群""推动战略性新兴产业融合化、集群化、生态化发展"要求,"十四五"时期各省市均采取积极措施落实国家区域发展战略,巩固提升现有的新材料产业基地、园区实力,强调在重点新材料领域推动形成若干个产业链完善、配套齐全、竞争力强的特色产业集聚区,进一步促进新材料产业特色集聚高质量发展。全国新材料产业园、新材料开发区发展迅速,目前已形成国家、省、市、开发区(园区)四级新材料产业园区体系。据中商产业研究院2019年不完全统计,全国有新材料开发区386个,其中江苏省开发区数量最多,为43个;紧跟其后的是山东省,为42个;排名第三的是四川省,其新材料开发区为34个,此外还有大量新材料产业园区。中商产业研究院虽然不是官方机构,但这一数据还比较能说明各省市对新材料产业的高度重视。

从"十二五"时期到"十四五"时期的十余年间,全国80%以上的省市在制造业发展与战略性新兴产业相关发展规划中将新材料持续作为重点发展产业,为体现对新材料产业的重视,很多省市特别是处于第一发展梯队的浙江、江苏、山东等省多次制订实施本地区专项新材料产业发展规划。"十四五"期间,新材料产业普遍地受到各地政府更多的关注,自上而下地形成了从中央、省(直辖市)、市、开发区(园区)四个层次的政府产业政策体系。2020年,浙江省新材料产业总产值达7175亿元。2019年4月浙江实施的"新材料产业发展行动计划"提出,到2022年新材料产业年产值突破1万亿元,比2018年增长53%以上,年均增长11.2%,产业规模稳居全国前四,并且要在大尺寸单晶硅片、超高纯金属溅射靶材、光学膜、钴新材料、稀土永磁材料、高纯电子化学材料等若干领域达到国内领先、国际先进水平;建成化工新材料、高性能纤维及复合材料、磁性材料、氟硅新材料和光学膜材料等若干具有全球竞争力的产业基地;到2030年基本建成全球知名新材料产业创新中心及全球有重要影响力的新材料研发和制造高地。2021年,浙江省颁布实施《新材料产业"十四五"规划》,提出到2025年浙江新材料产业规模实现倍增,力争突破1.6万亿元,国内第一方阵地位更加稳固,要在磁性材料、锂电新能源材料、高性能纤维材料、铜合金、氟硅材料、功能膜等若干领域,形成30个以上具有国际一流水平的新材料品种;新培育10家以上具有强大创新能力、雄厚发展实力、一流国际竞争力和知名度的百亿级领军企业,50家以上深耕细分领域、掌握核心技术、具有国际竞争话语权的单项冠军和隐形冠军企业,万家以上高精尖优的高新技术企业和专精特强的科技型中小企业。"十三五"时期,江苏就将新材料产业列为本省十大战略性新兴产业之一,设定了到2020年发展为产值达万亿规模的支柱产业的目标,并以突破前沿技术和培育高端产品为主攻方向,着力推动先进基础材料产业转型升级,扩大国内外市场占有率,重点突破关键战略材料的产业化和规模应用,积极开展前沿新材料的研发,提升产业化应用水平,打造一批国际先进、具有品牌效应和地区特色的产业集群。2021年,江苏省颁布实施《江苏省"十四五"制造业高质量发展规划》,提出全力打造包括高端新材料集群在内的六个综合实力国际领先或国际先进的制造业集群,强调以高端应用为牵引,加强碳纤维、石墨烯等先进碳材料、生物医用和节能环保等纳米新材料的研发应用,加快电子高纯材料、第三代半导体等先进电子材料的关键技术突破,推动高品质特殊钢材、化工新材料、稀土功能材料等提升发展,打造综合实力达到国际先进水平的高端新材料集群。

山东省长期以来一直是我国新材料产业的发展高地,具有雄厚的发展基础与实力。2018年11月,颁布《山东省新材料产业发展专项规划(2018—2022年)》,提出到2022年新材料产业主营业务收入达到1.5万亿元,要打造10个具有全国影响力的百亿级特色产业集群,主营业务收入50亿元以上的企业50家,100亿元以上的15家,千亿元以上的2～3家。到2025年,全省新材料产业主营业务收入超过2万亿元,年均增长10%以上,产业规模保持全国前三,重点新材料细分行业达到国内先进水平的占60%以上,达到或接近国际先进水平的占20%以上。"十四五"时期,新材料产业是山东全力打造的"十强"产业之一,"十四五"规划将新能源新材料强省建设列入了山东"九个强省突破"的目标任务。2021年,山东发布实施《新材料产业高质量发展突破行动计划》,围绕前沿新材料、关键战略材料和先进基础材料三大方向,以锻长板、补短板、筑底板为导向,聚焦碳纤维、先进陶瓷等8个重点产业链,构建"1个图谱"+"N张清单"的规划设计,全面推行"链长制"。

天津市提出2020年新材料产业规模超过1800亿元,成为国内重要新材料产业基地,到2025年末,新材料产业产值达到2400亿元,实现"一个增强""两个突破""三个提升",初步满足传统制造业转型升级和战略性新兴产业创新发展需求,努力协同京冀共建新材料产业先进制造业集群。

湖北省在"十三五"时期提出2020年新材料产业收入达到5000亿元,建成十大优势产品产业链,到2025年新材料产业营业收入力争达到6000亿元,打造2～3个主业突出、基础设施完备、产业链上下游配套更加完善的新材料产业集聚区,培育2～3家具有影响力的行业领军企业,新材料行业营业收入过100亿元企业超过5家,过50亿元企业超过20家。

此外安徽、江西等省多年政府工作报告中多次强调,要着力推动新材料产业发展,辽宁、宁波、厦门、贵阳、广西等省市也相继出台鼓励创新发展新材料产业的政策(表4-3)。

表 4-3 我国部分省市出台的促进新材料产业发展的相关政策

省市	内容
广东	加快培育前沿新材料等十大战略性新兴产业集群。加快在新材料等领域补齐短板，着力在第五代移动通信、超高清显示等领域锻造长板，在人工智能、区块链、量子科技、空天科技、生命健康、生物育种等前沿领域加强研发布局，抢占战略制高点
浙江	做优做强战略性新兴产业和未来产业。大力培育新材料等产业，加快形成一批战略性新兴产业集群，谋划布局前沿领域新材料，打造新材料产业创新中心。超前布局发展前沿新材料等未来产业，加快建设未来产业先导区
江苏	江苏省产业技术研究院深化改革创新，充分发挥技术产权交易市场等平台作用，在新材料等重点领域建设国家级重大科技基础设施，力争将更多平台纳入国家创新体系。在新材料等重点领域和关键环节部署一批重大科技攻关项目，尽快突破关键核心技术，加快关键零部件国产化替代。加快壮大新材料等高新技术产业，培育一批居于行业领先水平的国家级战略性新兴产业集群，打造一批具有全球影响力的知名品牌
山东	以核电、氢能、智能电网及储能等为支撑的新能源产业成为重要支柱产业，前沿新材料、关键战略材料、先进基础材料等产业竞争力显著增强，成为全国重要的新能源新材料基地
	坚决培育壮大新动能，以"雁阵形"产业集群为依托，重点培育新能源新材料等产业，培育一批各具特色、优势互补、结构合理的战略性新兴产业增长引擎
	新兴产业未来产业研发制造基地。加快布局新基建、突破新技术、发展新材料、打造新装备、研发新产品、培育新业态，积极发展蓝色经济，成为信创产业、碳基新材料、特种金属材料、合成生物产业国家级研发制造基地
山西	实施产业能力提升、延链补链招商、产品应用保障三大工程，把新材料产业打造成为转型发展支柱产业。培育一批高端材料产业发展集聚区。打造晋东南、晋中、晋北碳基新材料集聚区。开展合成生物学基础研究和生物基高分子新型材料、仿生材料等应用技术开发，打造国内重要的生物基新材料产业基地。加快发展多元化特殊钢等特种金属新材料生产及精深加工。到"十四五"时期末，建成国家重要的新材料产业基地
	实施培育壮大新动能专项行动计划，加快构建14个战略性新兴产业集群。做强做大碳基新材料等支柱型新兴产业，加快发展特种金属材料等支撑型新兴产业，全力培育生物基新材料等潜力型新兴产业，打造一批全国重要的新兴产业制造基地

续表

省市	内容
辽宁	加强关键核心技术攻关。打好关键核心技术攻坚战,聚焦新材料等产业部署一批创新链,实行重点项目攻关"揭榜挂帅"等制度,实施一批重大科技项目,努力攻克一批关键核心技术、"卡脖子"技术,开发一批重大创新产品。完善投入机制,提升基础研究和原始创新能力
	围绕提高石化产业丰厚度,深度开发高端精细化学品和化工新材料,引育一批产业链上"专精特新"中小微企业,形成联系紧密、协同发展的企业集群
	推进冶金产业精深加工,提高钢铁和有色金属产品智造水平,重点发展高品质特殊钢、新型轻合金材料、特种金属功能材料等高端金属新材料及先进无机非金属材料,推进菱镁产业结构调整和转型升级,加快产品技术、质量和品牌升级,促进冶金产业迈向价值链供应链中高端,打造世界级冶金新材料产业基地
	加快构建现代海洋产业体系,培育现代海洋渔业,壮大高技术船舶与海工装备等优势产业,发展海洋新材料等新兴产业,做强具有国际竞争力的临港产业和海洋服务业。探索打造"现代海洋牧场"
福建	培育壮大新材料、新能源、节能环保、生物与新医药、海洋高新五大新兴产业,打造"六四五"产业新体系,提升产业链供应链现代化水平,强化经济高质量发展的战略支撑。实施战略性新兴产业集群发展工程,在新材料等重点领域,培育一批特色鲜明、优势互补、结构合理的战略性新兴产业集群
河南	实施战略性新兴产业跨越发展工程,打造尼龙新材料等十个战略性新兴产业链,培育具有高成长性的千亿级产业集群
重庆	加快壮大战略性新兴产业,支持新材料等产业集群集聚发展,构建一批各具特色、优势互补、结构合理的战略性新兴产业增长引擎
北京	聚焦新材料等短板,完善部市合作、央地协同机制,集中力量突破一批"卡脖子"技术。加强科技成果转化应用,打通基础研究到产业化绿色通道。大力发展新材料等战略性新兴产业,培育新技术、新产品、新业态、新模式
吉林	把握技术革命发展趋势,超前谋划由前沿技术带动的新兴产业,突破新材料等领域关键技术,培育壮大一批有核心竞争力的品牌产品和企业。针对新材料等重点领域,采取产业集群招商、产业链招商等方式,补齐产业发展短板
河北	大力发展战略性新兴产业。发展壮大新材料等12大主导产业,大幅提高高新技术产业在规上工业中的比重

续表

省市	内容
湖南	实施战略性新兴产业培育工程,重点发展新材料等产业,壮大发展新动能,形成竞争新优势
云南	强化基础研究和应用研究融通发展,推进学科交叉融合,充分发挥有色金属及稀贵金属新材料等领域国家重点实验室服务经济社会发展作用,在非人灵长类生物医学、天然药物、高原山地生态与环境、天文、面向南亚东南亚自然语言处理等优势特色领域培育建设国家重点实验室
	聚焦新材料等领域,组织实施一批重大科技项目。加大对稀贵金属新材料、液态金属等关键新材料进口替代优势产业的创新支持力度。培育壮大高端钛合金、铝合金、稀贵金属等一批战略性新材料,打造新材料等千亿级产业,加快发展稀贵金属新材料等产业集群
江西	加快建设新能源新材料等产业重要基地,打造全国传统产业转型升级高地和新兴产业培育发展高地。推广运用"揭榜挂帅"、择优委托等方式,力争在稀有金属新材料等领域取得突破。聚焦新材料等优势产业,大力实施"2+6+N"产业高质量跨越式发展行动
	在新材料等领域,培育一批标准"领跑者",推动更多标准达到国内外先进水平。建设具有国际影响力的新材料产业集群
广西	培育壮大先进新材料等战略性新兴产业,力争打造一批具有全国影响力的产业集群。进一步做大做强千亿元产业,打造先进装备制造、绿色新材料等万亿元产业集群
黑龙江	加速发展壮大新材料等战略性新兴产业,提升战略性新兴产业规模,培育新增长点。在新材料等重点领域部署实施一批重大科技计划项目,突破和掌握一批关键核心技术
贵州	推进基础材料向新材料领域提升转化,持续优化钢、合金等产业结构,推进铝、镁、钛、锰、黄金等产业链延伸
陕西	围绕产业链部署创新链,在新材料等领域实施重点产业创新链工程,在煤油气清洁高效综合利用、新能源汽车制造、新材料制备加工、动植物育种等方面实现关键环节技术突破
	布局建设铝镁新材料等新兴产业和未来产业,培育新的增长点,打造全国重要的集成电路基地、卫星应用产业集群和优势明显的稀有金属深加工基地。推动优势产业补链强链,围绕产业链部署创新链,在新材料等领域实施重点产业创新链工程,在新材料制备加工等方面实现关键环节技术突破

续表

省市	内容
安徽	加强首台套装备、首批次新材料、首版次软件应用的扶持。持续提升建成设施性能，在陶铝新材料等领域建设前沿交叉研究平台。加快发展新材料等十大新兴产业，构建一批各具特色、优势互补、结构合理的战略性新兴产业增长引擎。大力支持淮北陶铝新材料、生物基新材料、硅基新材料等重大项目建设
湖北	提升新材料等新兴产业发展能级，推动技术集成创新与产业深度融合，加快形成接续有力、相互支撑、融合互动的产业梯队
上海	大力推动金山产业转型升级，在新材料等领域打造形成产业集群，成为上海发展先进制造业的重要承载区
天津	着力壮大新材料等战略性新兴产业，巩固提升优势产业，加快构建"1+3+4"现代工业产业体系。加快推进南港工业区重大项目建设，打造世界一流的化工新材料基地和国家级石化产业聚集区

（四）粤港澳大湾区建设启动及广东新材料产业发展

粤港澳大湾区包括香港特别行政区、澳门特别行政区和广州、深圳、珠海、佛山、惠州、东莞、中山、江门、肇庆，拥有7000万人口，凭借0.6%的陆地国土面积，贡献了12.57%的GDP，是我国对外开放程度最高、最具经济活力的区域之一，是中国建设世界级城市群和参与全球竞争的重要空间载体。而建设粤港澳大湾区，是习近平总书记从实现中华民族伟大复兴的战略高度，面对全球错综复杂的政治经济形势，亲自谋划、亲自部署、亲自推动，与"一带一路"倡议配合提出的又一重大国家战略，是以习近平同志为核心的党的新一代领导集体在新时代推动形成全面开放新格局的新举措，也是推动"一国两制"事业发展的新实践。建设粤港澳大湾区，对于充分发挥粤港澳综合优势，深化内地与港澳合作，进一步提升粤港澳大湾区在国家经济发展和对外开放中的重要枢纽节点地位，发挥支撑引领作用具有重要意义。同时粤港澳大湾区的区位也是独特的，作为国内"一带一路"经济带层级最高的枢纽与国内最大的技术密集产品出口中心，中美、中欧政治经济关系的重新定位引致的剧烈变化进一步提升了粤港澳大湾区在"一带一路"经济带建设中的战略价值，倒逼广东工业产业从最初的传统行业拓展至技术密集产业。"一带一路"沿线65个国家和地区经历了工业化进程的所有阶段,其中9个国家的工业化水平高于中国,47个国家的工业化水平低于中国。"一带一路"国家工业化水平的提升,无论是基础设施投资还是居民消费需求,都形成了与广东传统出口发达国家市场存在巨大不同的"一带一路"沿线区域市场,这从另一个层面为广东传统工业、技术密集产业重构发展路径,打开了新的机会窗口及可拓展的发展空间,可以为正遭受发达国家技术、市场双重阻击的广东龙头企业推进自主可控产业链供应链转型,形成基于新产品价值主张的平行系统集成技术发展提供基础依托,广东新材料产业发展要主动适应这种变化,从而跟上广东上游产业发展转向节奏,把握机会完成发展跨越,最终实现向更高层级的发展。

这一发展态势已成为国家层面的战略应对,2019年2月18日,中共中央、国务院印发《粤港澳大湾区发展规划纲要》(以下简称《规划纲要》),《规划纲要》成为指导粤港澳大湾区当前和今后一个时期经济、产业、区域、社会合作发展的纲领性文件。《规划纲要》明确提出,广东要"推动新一代信息技术、生物技术、高端装备制造、新材料等发展壮大为新支柱产业""大力发展新技术、新产业、新业态、新模式,加快形成以创新为主要动力和支撑的经济体系""建成全球科技创新高地和新兴产业重要策源地""构建具有国际竞争力的现代产业体系,加快发展先进制造业,培育壮大战略性新兴产业,加快发展现代服务业"。新材料产业作为广东先进制造业、高技术服务业发育发展起来的上游中间投入基础产业,以及广东战略性新兴产业的重要组成产业,本身就构成了将粤港澳大湾区建设成具有国际竞争力的现代产业体系的基础支撑产业与所要发展的内容产业,不仅是提升夯实广东先进制造业上下游全产业链国际竞争力的重要保障,也是与新型显示、5G通信、工业互联、智慧城市、3D打印、高技术服务等广东重大前沿产业项目的推进联动配合并在新形势下加快实现成功布局的前提依托。

随着香港、澳门融入国家发展大局,珠三角一体化进程不断深化,相对于长三角、环渤海区域,粤港澳三地融合突显出科技研发、转化能力的优势,拥有一批在全国乃至全球具有重要影响力的高校、科研院所、高新技术企业和国家大科学工程，创新要素中西交融内外交融，层次高中低分布全面，对内对外均表现出较强的吸引力：其中，香港、澳门主要以第三产业为主，新材料产业制造业规模很小，其定位以创新研发及总部运营为主；而珠三角九市作为核心腹地，已形成了从研发到制造再到应用的产业链完善的新材料产业体系，且在向更广阔腹地粤东、西、北延伸，高中低上下游产业不断滋生出丰富的应用场景，已具备创建新材料国际创新中心的基础实力。尤其值得一提的是，在基础科学和原始创新方面，香港多所研究型大学在新材料研发和应用方面具有领先优势，协同澳门、深圳、广州共建科技创新走廊和粤港澳大湾区高水平人才高地，具有成为全球高端科技产业策源地的潜质。从金融资本要素来看，香港长期作为亚洲具有全球影响力的国际金融中心，是海外资金进入大陆市场与内地资本走向国际金融市场的枢纽，一直拥有与世界金融市场紧密互动的丰富经验及高度国际化的成熟的金融基础设施，香港联交所资本市场实力很强，香港私募基金不论人才资金实力还是影响力都在亚洲名列前茅。多年来广东省内金融市场体系也在逐步完善，深圳拥有深圳证券交易所，建立了"创业板""新三板"以及广州区域股权交易中心等多层次无缝衔接的资本市场，以深圳、广州为核心集聚了一批国内外有较高知名度的风险投资机构，而广东省及深圳、广州等地方政府通过投资奖励、早期风险补偿等措施鼓励面向科技创新型企业的风险投资；与此同时，粤港澳三地跨境融资通道逐步放宽，粤港澳大湾区内RQFII等跨境投资业务试点在有序推进，"深港通""债券通"顺利开通，加上深圳前海自贸区、珠海横琴自贸区、广州南沙自贸区的设立，以上种种，有效地从金融领域加强了粤港澳三地科技金融要素的联动。

从企业产业发展支持环境来看，新材料产业与电子信息、先进装备、新能源、节能环保、医疗健康等新兴产业发展联系紧密，大湾区珠江口东岸、珠江口西岸地理区域内产业上下游汇聚了一大批广东本土著名企业，集中了一批中国制造业龙头企业，如华为、中兴通讯、比亚迪、广汽埃安、TCL集团、科龙电器、格力集团、美的集团、科龙电器、大疆、迈瑞医疗等大型龙头企业，而同时广东当前拥有429家国家"专精特新""小巨人"企业，仅次于浙江（470家），位居全国第二，其中大湾区珠三角九市集中了408家，其中包括42家上市公司。截至2020年，广东高新技术企业超过5.3万家，存量全国领先，形成了数量庞大的从龙头企业、专精特新企业到高技术企业群体，涉及包括通信设备、新能源汽车、智能家电、高端装备、高端医疗器械在内的诸多领域，突显出粤港澳大湾区在先进制造业方面的优势，而粤港澳大湾区港口群、城市群的智慧港口、智慧城市、海绵城市、新基建与城市群基础设施的一体化推进，也为大湾区新材料产业发展提供产业与社会多情境的应用场景奠定了丰厚的基础。

根据国家总体战略定位和产业发展定位，粤港澳大湾区作为未来中国在全球竞争中的重要创新载体和平台，按照建成世界主要科学中心、创新高地、国际科技创新中心与国际创新枢纽的要求，打造成全球新材料创新应用新高地、世界一流的新材料产业集聚区。广东是粤港澳大湾区的重要组成部分，广东新材料产业具有实现"顶天"（发挥产业引领作用）"立地"（发挥产业支持作用）发展的现实基础与未来潜力，并能够支撑国家先进制造业打破发达国家对我国高科技产品供应链的封锁及围堵，推进自主创新全国先行示范，打造产业技术进步新范式，着力支持推动构建自主可控的产业链生态，为维护国家产业安全、经济安全，实现高水平科技自立自强和建设科技强国提供战略支撑。

第五章 广东新材料产业转型升级高质量发展战略思路与路径

一、广东新材料产业转型升级高质量发展战略思路形成

（一）广东新材料产业发展战略定位分析

1. "顶天立地"兼顾方向调整

广东新材料涵盖范围广泛，包括的产业门类多、品种庞杂，发展基础与层次水平参差不齐。"十二五"时期，广东主要根据材料物理化学属性、功能结构特征和未来发展趋势，按照特种金属功能材料、高端金属结构材料、先进高分子材料、新型无机非金属材料、高性能复合材料和前沿新材料等六大门类划分，设定优先发展三大类、重点发展五大类新材料。"十三五"期间，为体现分类施策原则，提出提升先进基础材料制造水平、关键战略材料规模应用、前沿新材料突破发展三大重点发展方向，加强了分类指导与政策的有效性，这一时期更加侧重产业创新链的后半段，所设定的三个发展方向力量分布也较为平衡。"十四五"时期以推进制造业高质量发展为主线，重点突出先进材料战略性支柱产业与前沿新材料战略性新兴产业两个方面，作为应对新的国际形势下关键元器件材料被"卡脖子"的响应，兼顾突出了新材料自身高质量发展、支持广东制造业特别是先进制造业发展两个方面的要求，特别强调半导体集成电路电子新材料与新能源电池新材料的发展，同时以重点推进先进新材料战略性支柱集群、前沿新材料战略性新兴产业集群建设为统领，实施重大工程，突出全产业链联动突破。

从政府管理层面，新材料产业发展既有涉及新型显示、半导体集成电

路、机器人、物联网、人工智能、航空航天、新能源产业发展,满足广东经济社会发展《中国制造2025》重点领域和战略性新兴产业需求,作为主攻方向的关键战略材料如半导体集成电路新材料、3D打印增材材料、电子新材料和电子化学品、新能源材料、生物医用材料、纳米材料等,这是以解决"卡脖子"问题,突破围堵,做强做优广东战略性支柱产业,培育壮大战略性新兴产业,夯实经济增长基础为目标的;也有涉及量大面广,以普适通用为特征的基础材料与先进基础材料,这些是构成原材料工业的重要品种,其技术工艺、生产规模和应用水平,是衡量广东工业基础的重要标志,能够对广东传统产业的优化和提升作出贡献;还有涉及引领新材料技术发展方向、催生未来产业,具有多学科交叉、创新性和颠覆性较强等特征,可在技术和产业化应用方面出现突破,有可能会对经济和社会产生变革性影响的产业,如石墨烯、超材料、超硬材料等,目前它们大多还处于基础研究、技术积累、专利布局、初期应用探索等阶段。这种基于新材料产业在广东国民经济与产业发展中所占地位及发挥作用的分类,能够将门类与品种结合起来,使政策重点与政策意图更为突出,一目了然;同时在政府管理上又具有共同性,在广东新材料产业发展研究中应继续坚持与深化。

这种基于需求、目标等的新材料门类,"十四五"时期乃至以后较长一段时期内,广东要以此为基点构建新材料产业发展顶层设计基本框架,从新材料产业顶层设计上明晰各门类的发展布局。

针对长远发展技术储备,要积极拓展广东新材料产业发展前沿,支撑与引领广东消费电子产品、新一代电子信息5G通信、云计算数字经济、新型显示、智能家电、绿色照明、新能源汽车等广东战略性支柱、战略性新兴产业持续做大做强,直接面对全球市场竞争,突破发达国家在关键元器件材料方面对国内的封锁掣肘,提高产业安全、经济安全,抢占国际国内产业发展未来话语权和制高点("顶天"需求);此外,还要针对性地选择下游地位重要的产业,在自身有基础、未来有前景的关键领域实施重点突破,提前着手关键重点新材料领域知识产权布局,围绕重点领域开展应用示范,抢占未来新材料产业竞争制高点。这就要针对广东当前材料领域发展的重点、难点、空白点和关键点,推动新材料高端技术的升级换代，培育和发展新兴产业和新的经济增长点。以上种种，需要围绕产业化关键技术问题，进行导向明确的研发攻关。要满足广东乃至全国社会经济发展的需求，一方面要做好关键战略材料供应链的进口替代、转换转移，坚持对产品内需以及区域市场开拓的出口导向；另一方面，要为稳定广东经济发展总量保持健康增长作贡献，突破先进材料性能及成分控制、生产加工及应用等工艺技术，加强智能制造与数字技术对新材料制造流程的渗透，改善产品结构高度，提高先进材料制造工艺水平与制造柔性。对广东新材料产业发展来说，这两个方面构成了更扎实、更接地气的"立地"需求。

在新材料产业发展要兼顾"顶天立地"的前提条件下，"顶天"与"立地"的资源、力量配置需要与广东新时期经济社会发展要求相适应。新材料制造业本身就是制造业高质量发展的重要组成部分，一方面体现在以性能与产能为代表的先进基础材料发展质量的提高上，另一方面体现在支撑广东下游战略性支柱产业、战略性新兴产业发展的效率上。考虑到"十四五"时期变化的国际经济政治环境以及要与国家战略相配合，广东新材料产业发展"顶天立地"门类布局呈现出关键战略材料重要性更为突显、先进基础材料重要性提高的分布情况，为应对新形势，更为关注保障作为全国国际化程度最高的广东产业安全与经济安全，要更偏向于支持做实广东现有战略性支柱产业、战略性新兴产业供应链，填补当前战略性支柱产业、战略性新兴产业供应链高度依赖进口的空白，以及针对内需市场与区域市场开发构建自主掌控力强的产业新供应链，这方面的任务更加紧迫。

2. 支撑与引领作用权衡判断

"十二五"时期，对广东新材料产业的定位目标是"初具规模"，而对其支撑引领作用并未作清晰的表述；"十三五"时期，明确提出要提高广东新材料产业的"支撑能力"；"十四五"时期，明确提出将满足《中国制造2025》重点领域和战略性新兴产业需求作为广东新材料产业的主攻方向，结合国际政治经济形势进行考量，强调新材料产业"支撑"的重要性，同时针对先进基础新材料战略性支柱产业高质量发展要求，特别单列了突破半导体集成电路"卡脖子"半导体材料的重要性。纵向来看，"十三五"时期新材料产业的战略定位明确提出了"支撑"的作用，相对"十二五"时期的定位要更为清晰，"十四五"时期则进一步突出兼顾"支撑"供应链安全、产业安全与先进基础材料自身高质量发展两个方面。由于战略性支柱产业主要是指产业关联度高、链条长、影响面广，具有相当规模且需要继续保持增长的产业，作为广东经济的重要基础和支撑，对广东制造业发展发挥着稳定器的作用，并担负着加快转型升级的任务。而战略性新兴产业主要是以重大技术突破和重大发展需求为基础，对经济社会全局和长远发展具有重大引领带动作用，是成长潜力巨大的产业，是科技创新和产业发展的深度融合，具有高前瞻性、战略意义突出、附加值高、技术先进、增长潜力大、产业带动性强等特征。广东制造业先进材料转型升级高质量发展要兼顾稳定制造业基础，强化与提高广东支柱产业、高端新兴产业发展的前沿新材料支撑能力两个方面，这说明决策部门对新材料产业在广东经济社会发展中作用认识的不断深化。但从政策层面来看，广东新材料产业的战略定位是跟随消费电子产品、数字经济、5G通信、新能源汽车等下游优势产业发展的节奏，通过提升先进新材料产出水平来稳住广东制造业"基本盘"的意味仍然较浓，其隐含的意思是，当前广东新材料产业的发展水平还不够高，速度还不够快，还不足以支撑满足优势下游产业发展的需求，还需要为保障广东制造业整体的产出规模持续增长作贡献，这应该是政策制定中的一个共识。而经过"十三五"时期的发展，"十四五"时期，广东新材料产业的分类横跨先进材料战略性支柱产业及前沿材料战略性新兴产业，前者代表稳定制造业产出增长，需要与广东经济社会发展增速基本同步，强化对全省制造业发展基础支撑作用的考量，而后者与广东下游优势战略性产业发展要求相适应，部分重点领域需要在全球范围内实现换道超车、并跑领跑发展，从而提升广东制造业的整体竞争力。目前来看，新材料产业起到"支撑"作用的目标尚未达到，相对于"十三五"时期，"十四五"时期，与广东战略性支柱、战略性新兴产业相比，新材料产业的发展仍然相对滞后，还不能完全满足广东下游战略性产业发展的需求，其所面临的形势也比"十三五"时期更加严峻。

新材料先进材料当前产业规模占广东全省工业的比重超过七分之一，是广东制造业重要支柱产业。2021年先进材料产业集群实现营业收入

2.66万亿元，在全省20个产业集群中位居第三（新一代电子信息位居第一，营业收入4.55万亿元；现代轻工纺织位居第二，营业收入2.83万亿元），占全省工业的比重为15.67%；利润总额1434.46亿元，占比13.12%，工业增加值5251.03亿元，占比14.02%。这表明先进材料是构成广东制造业的重要支柱，对于稳定广东制造业整体发展具有重要意义，而广东制造业高质量发展本身就应包含新材料先进材料高质量发展内涵，其意义一方面在于要保持先进材料产业规模持续增长，对于新形势下坚持广东制造业当家、经济稳增长发挥重要的压舱石作用；另一方面可以促进先进材料自身向高端发展，改善产品结构，促进智能制造与数字化生产，提高产品质量的工艺水平，实现节能减排绿色发展，继续做强支柱产业，这也是广东制造业高质量发展的战略要求。

广东拥有国内最大、最发达的工业成品制造企业群体，以大进大出为特征的进出口总额突破万亿美元，多年来稳居全国第一，所创造的产值连续29年全国排名第一，是全球最大的以终端通信网络设备与5G、可穿戴电子消费产品、新型高端显示、绿色照明LED等为代表的技术密集型终端产品生产基地。这些对广东经济命脉产生巨大影响的战略性支柱产业，以大规模全球进口上游材料及关键中间组件、在下游系统集成最终产成品再大规模出口的运营模式为特征，其在国际市场快速实现销售终端产品的系统集成技术发育程度与水平要远超产业上游新材料、中间件、元器件、模块技术水平，其基本思路是技术上的跟随与"拿来主义"，即利用国外进口关键元器件与新材料、核心模块，以最快的速度把应用终端产品做出来，面向欧美投放市场，抢占市场份额。利用这种模式，广东制造业成长起来一大批以对标欧美全球市场主流技术，以系统集成技术见长，产出终端产品的大规模龙头企业；但另一方面，这种模式也造成广东本土新材料、核心中间件、元器件、核心模块上游技术发展相对缓慢且明显不均衡，企业实力层次水平迟迟得不到改善，越来越无法赶上快速的终端系统集成企业发展速度，技术"卡脖子"问题使得两者之间的差距仍在持续拉大等问题，从而进一步对广东的产业安全、经济安全提出了严峻挑战。简而言之，广东这类战略性产业发展依赖这些大规模系统集成平台企业，而这些平台企业又依赖海外大规模进口的新材料与关键元器件、中间组件全球供应链的支持,最终面向国际国内终端应用市场的竞争。

当前全球贸易摩擦转向"科技冷战",且全球供应链区域收缩,特别是美国频频采取"长臂管辖"、设置出口"实体清单"及中概股"摘牌名单"等手段,批量性以关键材料与关键中间件出口管制为手段来打击以中兴、华为、大疆、海康威视等广东企业为代表的中国系统集成平台企业。在此冲击下,供应链无所依归,面临重构巨变,短期内对广东系统集成平台企业形成越来越大的供应链保障压力。在形势日益严峻的情况下,重构广东系统集成平台企业供应链以保障其完整度就成为维护广东乃至国家经济安全、产业安全的大事,战略重要性更加突显,而这在本质上就是要提升依靠本土新材料形成核心中间件、核心模块等关键元器件的能力,将供应链保障置于自我掌控之下,从而提高对国内大规模龙头企业的支撑作用。而这种支撑作用短期内体现为沿既有系统集成技术路线对现有进口新材料、核心中间件、元器件的替代或转移,以应对供应链环节缺失的冲击;长期来看则是随着发达国家的科技打压愈演愈烈,向发达国家产成品出口发生困难,在倒逼企业适应内需市场与区域市场的过程中,需要对逐渐成长起来的自主系统集成技术提供协同支持,而这既包括从核心元器件到新材料供应链的构建支撑,要跟上起初性能不一定太好、功能不一定最全、品质标准不一定最严格的自主系统集成技术进步的节奏,当然,随着系统集成技术的进步,新材料的性能也会不断提升,同时又不能忽视材料突破带动系统集成技术低成本突破实现特定市场爆发式开发的可能性。总之,要以实现基础功能的新材料带动搭建起针对特定市场的简易、便利新系统集成供应链。从这方面看,综合短期与长期需求,新时期广东新材料产业仍然坚持以支撑为主的定位,但与"十三五"时期不同,"十四五"时期更强调主攻关键战略材料。

3. 从新材料有无的线性创新模式转向新材料有无与应用一体化解决方案拓展

新材料技术高度密集,发展也是日新月异,创新作为新材料产业发展的基础与核心,具有重要地位。长期以来,在全球市场主流技术框架下,我国新材料产业创新主要表现出的是一种线性创新思维模式,大都基于发达国家已有的新材料展开反求工程,从研发解决新材料的有无问题开始,首先通过"经验式、试错式、离散式"的实验室材料研发方式,利用现有的相关材料的理论和经验,通过调整研究材料配比,进行表征测试和检验,最终找到能够满足性能要求的材料;然后再从实验室原型转产向小试、中试以及批量生产转移,下游应用厂商再基于技术转化引进进行新材料的应用开发,创新链条各环节,按时序顺序线性展开。在实践中每个环节往往需要经历多次反复,从实验室研发到最终实现市场的广泛应用,周期很长。这一线性创新模式以实验室研发、小试为主,侧重于解决材料的有无问题。在解决新材料有无的研发时,对随后的工程化、产业化与后期市场应用的关注不多,比较欠缺工业化技术研究平台和团队的支持。实践证明,这种模式在整个创新链条上存在"两个脱节":一是新材料研发与新材料生产脱节,二是新材料生产与新材料应用推广脱节。这种脱节造成解决了新材料有无的问题,却解决不了产业化新材料生产的合格率与可靠性问题,而解决了新材料生产的问题又难以满足下游产业应用的要求,广泛出现"急需的新材料找不到、能找到的又做不出、做得出的又做不好",以及"有材不好用,好材不敢用"等研发、生产与应用环节匹配度不高,运作效率低下的问题。其主要表现在:一是材料的研发生产和设计指标与下游的应用标准不一致,国内研究机构在材料产品研究推广时,存在重视性能参数的比拼,忽略生产实用性的倾向,导致生产出来的材料无法使用;二是能生产的原材料供应信息不明确,与国外产品相比,国内原材料产品的供应缺少生产使用的加工标准、参数等信息,导致下游应用企业由于缺乏使用经验,担心贸然转换供应链生产商存在较大风险;三是广东生产的相关材料缺少第三方权威认证或科学的评估体系的认定。由于材料得不到有效的应用检验服务,导致企业在生产使用过程中缺乏信心,加上一对一使用耗时费力,于是企业宁愿选择价格较高的进口产品,维持现状。

材料作为中间投入品,其最终价值的实现主要是在市场应用中体现出来的,仅解决了新材料有无的研发是远远不够的。新材料以应用需求为导向,针对应用需求研究开发新材料,并且从首次出现到投入市场,再到多元化开发应用,都需要经过长期的测试评价与应用考核,并且都要在应用中不断完善性能,持续迭代优化工艺技术,并实现一些关键数据的积累,才能为新材料的多样化应用提供指引。因此从创新视角来看，新材料研发与新材料工程应用不是被人为割裂成前后继起的两个独立阶段，而是构成了彼此相互依赖的整体，新材料创新链重整不仅要重视既有技术源头的推动——从新材料实验室品种研发再到市场推广应用的线性推进，还应重点关注新材料研发成果的转化，将新材料初期市场培育作为关键环节，继续深化组织实施"重点新材料首批次示范推广工程"，加强供需对接，积极探索如完善推广新材料应用示范保险补偿机制、建设一批生产应用示范平台、开展应用示范等工作的制度创新，进一步推动产用结合，激活并释放下游行业对新材料产品的有效需求，加快新材料创新成果转化。与此同时，还要积极开拓思路，以创新网络的思维将下游材料应用元器件、模块、产品开发、生产与上游新材料的开发、生产统一起来，将下游器件、产品开发对新材料的性能、生产一致性、良品合格率、可靠性的要求直接转化为上游新材料研发与生产要达到的标准，实现元器件研发与新材料研发融合并行一体化，元器件制造与新材料生产一体化，以新材料定制化研究开发—应用示范—推广的模式来解决新材料研发与生产脱节、新材料生产与应用脱节的问题。

以新材料研发、小试中试、生产与应用创新链各个环节的一体化重整，来带动新材料产业链上下游融合联动，形成发展合力，进而以创新项目为纽带与载体，将原来在组织与空间上离散分布的新材料生产企业、下游元器件制造企业、高校实验室、科研院所、小试中试基地与新材料生产设备提供商、元器件制造设备提供商等新材料产业的各类组织主体结成创新联盟与网络，以产品大类共性技术为基础，构建互联互通的新材料研发平台、新材料制备工艺平台、新材料应用设计与工艺开发平台，打通广东新材料各创新组织与新材料应用之间的信息孤岛效应，共享同类新材料研发共性知识、新材料制备工艺共性知识、新材料应用产品开发共性知识等，逐步构筑起运作良好的人员、信息、项目双向交流渠道与机制，以此带动广东新材料产业创新体系的完善深化；同时，创新链本身不是目的，由于材料行业作为中间制造业，决定其市场空间的关键因素往往不在产品本身，而在于产业链上下游的整体生态，最终材料行业还要与下游厂商形成稳定的供应链产业链关系，下游厂商应用市场需求规模的扩张将不断促进新材料产出规模的扩大，其性能与工艺水平也将不断优化，并在创新链支撑下持续推进应用领域的扩展并滋生出新的供应链产业链，从而实现产业链带动创新链、创新链支撑产业链，双向协同演化的良性发展态势。

4. 新材料供应链供应安全保障与内需外需平衡

四十余年的改革开放历程，从来料加工、OEM"两头在外"起步，造就了广东大进大出外向型发展为特征的"广东制造"模式，促进了面向出口的工业制造业部门的迅速壮大，广东成为全球化的受益者。而近十年来，以通信设备、家用电器、视频监控、可穿戴电子消费产品、无人机等为代表的技术密集终端产品发展迅速，广东成长起来一批国际竞争力强、市场占有率高、核心能力集中于系统集成技术，享有较高的国际声誉的行业龙头企业，如华为、中兴通讯、海康威视、大疆、比亚迪等，这些实体制造龙头企业的制造供应链采购全球布局，对标国外主流产品基础技术架构集成最终产品，再面向国际与国内市场销售。在这种发展升级模式下，形成了广东制造本土终端产品集成技术水平远高于材料与中间件有效供给能力，市场与中间环节高度依赖外部全球供应链的特征。例如，广东原本排名全球第二的华为手机，是在 Google 安卓系统下，由英特尔提供处理器和存储芯片，高通供应手机芯片，三星供应手机屏幕，台湾伟创力、富士康与大陆比亚迪代工华为手机组装，台积电代工华为自主麒麟芯片（2022年因美国制裁，麒麟芯片的市场份额被清零）。2022 年初华为公布的供应商名单显示，92 家核心供应商遍布全球主要经济体，其中美国供应商入选数量最多，包括英特尔、高通、博通等共计 33 家，大陆供应商数量排在第二，包括立讯精密、比亚迪、京东方、瑞声科技、顺丰等共计 25 家，日本 11 家，中国台湾地区 10 家，德国 4 家，瑞士、韩国以及中国香港各有 2 家，荷兰、法国、新加坡各有 1 家。从华为的供应商名单来看，有近三分之一的供应商来自美国，主要领域包括集成电路、半导体、软件和光通信，处于关键核心供应商地位。再如，经过数十年的研发创新，成为国家标志性大工程的高铁如今已经完成了从无到有的超越，实现了高度自主化。然而高铁动车组的重要组成零部件——高铁轴承仍完全依赖进口，其原因在于轴承钢的纯净度高低直接影响到轴承的使用寿命和品质，但是在这个重要的原材料上，我国几乎全部依赖进口。高铁铁轨维护所必需的铣刀生产技术也掌握在德国和奥地利这两个国家手里。

在平稳的国际环境与国际市场中，这种严重依赖外部的市场与供应链虽然不时会面临被"敲竹杠"的风险，但整体上尚不影响整个产业链的运作。以中美贸易摩擦科技战作为标志性事件，以及2022年初开始的俄乌战争，正式宣告二十余年的全球化自由贸易稳步深化的外部环境结束。随着欧美全球供应链区域收缩重整进程的加快，《美国紧急经济权利法案》和美国《出口管理条例》"实体清单"等手段的频繁广泛应用，不仅能够全面禁止这些广东实体制造龙头企业进入美国市场，也能够全面禁止美国公司向这些企业销售产品与服务。这实际上等于隔断了这些企业和美国之间的业务，而且这种市场阻断又会在发达国家形成连锁反应。依据"美国最低含量标准"与"区域外适用"原则，韩国、日本以及欧盟等国家与中国台湾地区的产品也将被管制，这又会在更大程度上限制包括其他国家在内面向中国企业的供应链。因此，在此新形势下，广东技术密集制造业或产品供应链所受到的影响将远远超过美国供应商的范围。随着美、日、欧发达国家越来越频繁地以上游关键材料与中间件出口管控以及其他方式来打压广东各技术密集产业龙头企业，对广东技术密集型终端产品供给形成了直接的威慑与打击，保障上游产业关键中间件供应链已成为应对短期冲击、维护广东实体经济高端技术密集型产业发展安全必须解决的紧迫的战略任务。而技术密集型产业发达国家开始从投资、研发合作、人员交流等方面全方位地对中国采取日趋严格的技术封锁，直接从源头着手，主动挑起"科技冷战"，隔断先进技术向中国转移。此前中国主流技术来源渠道主要通过吸引发达国家的投资以及对欧美发达国家进行投资，未来不论是以市场换技术，还是以资金换技术，前景都将变得越来越暗淡，三十年来广东依托自由贸易和全球化开展科技创新来带动成长升级的模式将难以为继，通过不断逼近前沿的技术引进、反求工程与模仿创新模式也难以为继，广东技术密集型制造业面临着寻找新动能、形成自控性强的产业技术进步新模式，否则产业技术进步升级将无法持续的困境，这直接将广东技术密集型制造业推上了需要自主发展、可控力强、重塑本土产业发展生态的道路。

在全球供应链"选边站"趋势愈加明显与集成产成品出口主流发达国

家市场受阻的情况下，广东技术密集型龙头企业的经营战略面临巨大转变，必须要修正依赖全球供应链来实现终端集成技术进步的发展模式，要更多地依靠材料与中间件本土供应链来推进自身集成技术的进步；要实现全球供应链配置的适当收缩转换，需要从集成技术源头上考虑充分利用自身已有的集成技术平台来推进自主创新，以形成与国际市场主流集成技术相平行的进步轨迹，并探索不同的发展逻辑，这既是供应链企业自身的任务，也需要供应链企业与龙头企业通力合作才能实现。

5. 广东新材料"制造服务化、服务型制造"与新业态发展

在经济发展新常态下，为推动我国由制造大国向制造强国转变，国务院印发了《中国制造 2025》和《关于进一步促进服务型制造发展的指导意见》，明确了未来一个时期制造业发展的战略定位和主攻方向。为在新一轮工业革命中抢占先机，推动服务型制造业转型成为广东新材料工业转型升级的重要途径。对于制造业来说，服务型制造是以制造为基础推动制造和服务融合的产物，它包括面向制造的服务与面向服务的制造两方面。随着生活水平的提高及技术的进步，产品更新换代的速度逐渐加快，消费者偏好也在不断发生变化，人们对产品的物质需求越来越多地转变为产品消费使用带来的个性化体验。针对消费者偏好的这一变化，许多著名制造企业都开始尝试通过服务和产品的深度融合来满足不同客户的需求，即制造服务化。在实践中，欧美等发达国家的先进制造企业最早认识到通过融入更多的服务元素，可以提高客户的满意度，增加产品的附加值，进而实现传统制造模式的转型升级，因此继高端化、智能化之后，服务化代表了全球制造业发展的新趋势。服务型制造直观表现为制造业企业由以物理实体产品所有权转移销售为中心的思维向基于实物为载体使用权交易产需互动和价值增值为导向的转换，由单纯一次性提供实物产品向提供全生命周期管理转变，由提供设备向提供客户问题系统解决方案转变，通过创新优化生产组织形式、运营管理方式和商业发展模式，不断增加服务要素在投入和产出中的比重，从以生产制造加工组装为中心向"制造+服务"转型；转变经营理念，从单纯出售产品向出售"产品+服务"转变。这有利于延伸制造业价值链，提高全要素生产率、产品附加值和市场占有率。不同于传统制造业所关注的生产型制造，服务型制造是高度体现产业融合创

新的新型产业形态,是推动制造业服务业打破两者间日益模糊的无形界限,实现制造业服务业相互嵌入、衍生、转化、合成、赋能,打造形成具有更高效率、更高价值的两业融合新型产业形态,是制造业从单纯依赖比拼人力与物质资源消耗的低端环节迈向中高端环节——依靠知识来创造价值的阶梯和桥梁,这一进步是促进制造业高质量发展的必然选择。新时期服务型制造既是提高制造业竞争力、适应消费结构升级的重要途径,也是实现我国制造强国战略目标的关键路径。

制造企业服务型制造的实践开始于欧美,目前欧美主要国家50%的制造企业实现了实物产品与无形服务的结合,世界500强制造企业如IBM、通用电气、航空发动机公司罗尔斯-罗伊斯等的服务化率普遍已达到或超过70%。在发达国家,制造业存在"两个70%"现象,即服务业产值占GDP的比重为70%,而制造服务业占服务业的比重为70%。2015年以后,我国制造企业在《中国制造2025》的引导与政府的推动下,中国服务型制造也进入加速发展的新时期,出现了工业设计服务、定制化服务、供应链管理、共享或协同制造、全生命周期管理、总集成总承包或系统解决方案提供服务、信息增值或智能服务、生产性金融服务、节能环保服务等新业务模式和新产业形态。2016年7月,工信部、发改委、中国工程院三部门联合发布《发展服务型制造专项行动指南》,服务型制造的新业态新模式得以快速发展。基于国家统计局数据,2017年、2018年和2019年我国新产业、新业态、新模式"三新"经济增加值分别为129 578亿元、145 369亿元和161 927亿元,分别相当于GDP总量的15.7%、16.1%和16.3%,其中第二产业制造业的"三新"经济增加值分别为54 253亿元、62 453亿元和70 443亿元,增速都远远高于当年第二产业的增速和整个经济的增速,由于第二产业制造业的新业态、新模式大多表现为服务型制造的特征,这在很大程度上能够反映出服务型制造近三年的快速发展态势。2020年7月,工信部等15个部门又联合印发了《关于进一步促进服务型制造发展的指导意见》,提出进一步推进服务型制造发展的新要求和新举措。虽然近年来我国服务型制造发展较为迅速,但由于我国制造业服务型的转型基础较为薄弱,整体水平较全球标杆企业仍有较大的追赶空间。

服务型制造本质上是从以产品为中心转变为以满足客户需求为导向,

深化应用数字化、智能化技术赋能制造业企业，通过打造数字化智能化服务平台，实现制造全要素全过程服务增值的过程。无论是工业设计服务，还是个性化定制生产，无论是共享或协同制造，还是信息增值或智能服务，都需要基于新一代信息技术尤其是产业互联网，将生产制造全生命周期中的具体环节和要素映射到网络虚拟空间并实现互联互通，从而实现制造服务化延伸和价值增值，这些服务型制造模式会降低企业对人工资源环境依赖的程度，提高制造业企业的效率。从当前发达国家的产业实践来看，随着材料工业从基础性、通用型支撑角色向专用型、定制化引领角色的延伸拓展，其角色内涵更为丰富，传统作为硬件的材料产品也越来越多，丰富了软件服务的内容，材料生产制造环节所占价值份额下降，在整个原材料价值链中的比重仅为1/3左右，而基于新材料软件服务的环节正变为创造价值的主要环节。新材料工业作为基础性、战略性和先导性产业，经过"十二五"时期到"十四五"时期的发展，从整体上已基本实现由大批量中低端产品自给自足供应迈向中高端产品自主研发、进口替代的转型。但同时也要看到，作为全国第一制造大省的广东，其新材料产业发展还面临三大难题——基础材料品质不高、低端产能过剩，关键战略材料保障不力、高度依赖进口，前沿新材料创新不足、转化率低。新形势下推进广东新材料服务型制造，鼓励新材料企业制造服务化深化是广东新材料产业转型升级的必然选择，对于广东制造业高质量发展具有重要意义。

  服务化转型要求新材料生产企业要转变单纯的制造企业这一定位，将实体硬件材料生产与客户问题的解决结合起来，从满足客户定制化需求、实现价值增值、提升企业竞争力等动因出发，着眼于投入服务化和产出服务化齐头并进，而这本身就构成了新材料高技术服务发展的重要内容：一方面包括产出由仅提供实物材料产品向提供"材料+服务"产品服务包转变，如从简单的产品使用培训、物流配送等基础性服务向定制化开发、特定工艺流程设计等个性化高端服务延伸，使材料生产企业的收入来源从物理实体的材料拓展到承载于物理硬件之上的无形软件服务，从服务产出的方向延伸价值链，推动从制造商向制造—服务提供商的转型，从单纯的材料产品提供商向新材料应用客户问题全套解决方案提供商的转型。例如，半导体芯片、平面显示器、信息存储、电子器件等制造过程中反复用到的溅射（sputtering）工艺是制备电子薄膜材料的核心技术之一，属于电子材料领域，其中高纯度乃至超高纯度的金属材料是生产溅射靶材的基础，需要根据客户的要求对溅射靶材的金属材料纯度、内部微观结构等方面设定极其苛刻的不同的标准；溅射薄膜的品质对下游产品的质量具有重要影响，在溅射靶材制造环节，首先要根据下游应用领域的性能需求进行工艺设计，然后进行反复的塑性变形、热处理，要精确地控制晶粒、晶向等关键指标，再经过焊接、机械加工、清洗干燥、真空包装等工序，溅射靶材制造所涉及的工序精细繁多，工序流程管理及制造工艺水平将直接影响到溅射靶材的质量和良品率。溅射镀膜过程中，溅射靶材需要安装在机台中完成溅射反应，溅射机台专用性强，且对溅射靶材的形状、尺寸和精度也有诸多限制。这一过程中，溅射靶材材料的制造与价值实现是高度定制化与个性化的，且与上下游应用领域与产品密切相关，需要溅射材料制造企业根据下游应用厂商的要求提供全套解决方案，与下游应用厂商通力合作，加快完成应用与市场开发，迅速获得规模效应与利润收入。由此可以看出，新材料仅依赖物理实体按时序继起式应用开发是远远不够的，而软件服务则是将新材料制造与下游应用实现无缝联结的润滑剂与黏合剂。此外，从投入端来看，加大包括新材料生产企业物流仓储、人员培训等传统生产性服务投入，特别要增加研发服务、数字信息服务、科技服务等高端生产服务要素在新材料产业活动中的比重，通过服务这一无形要素与有形要素的结合，丰富新材料产出端产品结构，提升效率，提升新材料的品质与层次水平。例如，传统新材料研发主要依靠实地实体的多次试错，周期长、成本高，而进入第三、第四阶段的研发，是要以"计算科学跟数据驱动"来重塑新材料研发流程，提高研发效率。当前一个重要的表现就是将现实中新材料生产的全流程设备工艺全映射到数字虚拟世界中，并与现实一一对应，通过数字孪生的方式，把新材料生产过程中的一些试错过程转移到计算机虚拟模拟上，从而节省成本，提高新材料研发的效率。再如，人工智能技术也可以作为一个强有力的辅助工具来缩短新材料研发的周期，借助数据共享，对先进材料的物理化学性质进行预测、筛选，有助于加快新材料的合成和生产。而这些高端服务的投入，大都由社会专业化分工的服务商来提供。

当前工业4.0的持续推进对广东新材料产业的发展提出了高要求,在本质上要继续深化新一代信息技术与材料制造、应用技术的高度融合,积极探索广东新材料产业"互联网+新材料"与"数字经济"相结合的新业务与新业态的培育成长模式,鼓励新材料企业利用物联网、云计算、大数据、增材制造、工业机器人等手段,构建资源、信息、物品和人紧密联系的信息物理系统,分领域加快建设多主体参与的社会化的新材料生产应用示范平台、新材料测试评价平台、新材料资源共享平台,助力社会化专业性新材料服务企业创业成长模式,助推新材料研发数字化与新材料生产智能制造,实现新材料产业链价值链各子系统的互联互通、协同运行,提升广东新材料制造业的体系性服务能力,支撑广东新材料研发与生产制造数字化升级。基于工业机器人、3D打印、大数据、人工智能等技术,重整具有更高柔性、更高内部范围经济作用的新材料制造工艺生产线,打造共享制造平台;通过新材料产品、服务销售信息的及时反馈,推进面向客户的新材料个性化开发服务,实现以销定产,推进智能制造,构建生产线共享制造平台,提高同族新材料多品种柔性制造能力,加快实现新材料以生产为主导向以客户为导向转型,拓展细分市场;加强新材料工业物联新业务的广泛渗透,实时监控材料的性能与运行状态,不断积累数据,从而提供实时有效的技术支持服务及基于材料的应用状态信息,并提出维护和更新建议,为下游厂商提供产品使用优化方案。在新材料产业与新一代信息技术融合过程中,促进新材料社会化专业科技服务新业态的出现,以此推动基于互联网的新材料产业创新,建设一批垂直化、专业化网络实体或虚拟平台,开展新材料资源共享、设计解决方案、供需对接、信息咨询、检验测试等新材料科技服务新业态,探索发展新材料大规模个性化定制、网络化协同制造等新模式,培育新材料专业科技服务提供商与新材料集成服务提供商,不断丰富广东新材料产业生态,培育营造开放、融合的广东新材料产业生态。

(二)广东新材料产业转型升级高质量发展战略思路

1. 在扩大与深化对外开放中构建自主型产业链关键环节

从世界各国发展历程来看,没有任何一个国家或地区能够关起门来成功搞现代化建设。发展离不开人力、资本和技术等生产要素的投入，当今世界没有任何一个国家或地区能够掌握自身经济发展所需要的全部资源和技术，也不可能不顾效率地生产出自身所需要的一切。通过对外开放，取天下之长，补一己之短，对任何国家或地区的发展都不是权宜之计。而伴随着经济的全球化发展，世界各国与地区都根据自身的要素禀赋和技术条件发展比较优势的产业，融入世界经济体系，从而形成全球产业链、价值链、国际分工体系与世界市场，国际经济交流合作也日益广泛深入。经济全球化促进了商品和资本的流动、科技和文明的进步、各国人民的交往、民生福祉的提高，它已成为人类社会发展的必然趋势，也是不可逆转的时代潮流。从20世纪80年代至今，我国的开放水平不断提高，以广东为代表的开放型经济不断发展，而对外开放作为我国的一项基本国策也在坚定不移地实施中，我国持续推进建设更加全面的开放格局，持续推进建设更加完善的政治制度，持续推进建设更高层次的开放型经济。经过数十年的努力，我国建成了全球唯一的拥有41个大类、207个中类、666个小类的完备的工业生产体系，继2010年成为世界第一制造大国之后，工业生产能力持续稳步增长，2018年制造业增加值占全球的28.3%，主要工业品产量居世界前列。但全球化"马太效应"所造成的阶层间利益分配不平衡使得近几年单边主义、贸易保护主义、逆全球化思潮不断泛滥，经济全球化进程遭遇挑战。不过，笔者认为，人类目前所遇到的问题与困难只是全球化向纵深发展过程中所经历的曲折与调整，全球化大趋势仍是不变的。2022年1月生效的《区域全面经济伙伴关系协定》（RCEP）以及"一带一路"倡议、粤港澳大湾区建设、设立亚投行、建设人类命运共同体等举措，无一不体现了我国坚持改革开放、不断扩大开放的决心。改革开放以来，我国从主要依靠"引进来"到开始注重"引进来"和"走出去"相结合，再到积极参与双边、多边区域合作，不断升级对外开放力度，以适应国家经济社会发展的需要。新时期国家扩大深化对外开放，赋予广东以新的战略重要地位，深圳前海、广州南沙、珠海横琴自贸区的建设启动，以及深圳中国特色社会主义先行示范区、粤港澳大湾区深入推进建设，都为广东持续优化国际经济合作格局，实现积极有效利用外资和推动境外投资提质增效，推动开放型经济发展空间全面拓展，推进与"一带一路"沿线国家合作，健全合作机制，提升战略枢纽、经贸合作中心和重要引擎能级，建设更加开放的国际门户枢纽提供了目标抓手与地域空间上的平台。未来，广东将继续践行改革开放，将广东建设成为向世界展示我国改革开放成就的重要窗口，在扩大开放与高水平开放中争创优势，争当先行示范区与全国排头兵。

在当前波谲云诡的国际政治经济环境下，针对愈演愈烈的广东战略支柱、战略新兴制造业存在的"材料、核心零部件和关键设备受制于人"问题，不是简单地让本土企业通过生产边界的无限扩大来完全实现进口替代，进而让广东的产业结构不断膨胀而包罗万象就能解决的，只要对全球制造业领先企业和制造强国进行细致的分析和观察，就知道这样的政策逻辑在现实中是行不通的。一般来看，企业有能力完成材料、组件等中间件的生产任务，但是由于成本、效率等原因而把相关组件的生产活动外包给其他企业，这种依赖并不会损害企业的核心竞争力，因为类似风险是可以规避的，可以通过自由竞争或供应链管理等方式来降低对某一特定组件供应商的依赖，但在产品技术和知识方面依赖外部企业，企业不具备生产所需的技术和知识，知识依赖一旦形成，企业就会面临失去讨价还价的能力甚至核心竞争力的风险。从这个视角来看，广东制造业风险主要在于供应链知识外包依赖，而不是供应链生产外包。持续的自主创新技术开发和不断拓展自身的知识边界才是解决广东制造业"材料、核心零部件和关键设备"受制于人以及"缺芯少魂"问题的根本出路。而这意味着广东要在扩大与深化对外开放的过程中，主动构建形成新的产品价值主张及掌控度高的自主型产业链目标，这个自主型产业链的生产与供应链要更加开放，以实现最有效率地集聚利用全球创新资源的目的；更加关键的是，这个自主型产业链的知识是能够实现自我掌控的，它包括新材料的基础知识，建立其上的元器件、组件的中间件知识，集成的系统知识，是一套完整的知识体系。在扩大与深化对外开放中，新材料是新形势下广东构建自主型产业链的基础关键环节，它是突破广东"材料、核心零部件和关键设备受制于人"知识依赖的基础与起点。广东要积极参与国家产业基础再造工程，打牢基础零部件、基础工艺、关键基础材料的基础，探索实施"链长制"，培育一批广东本土控制力和根植性强的链主企业和生态主导型企业，打通研发设计、生产制造、集成服务等产业链条，构建核心技术自主可控的全产业链生态，以此继续壮大广东行业领军企业，培育专精特新企业，打造一批专注细分市场、具有独特专长的隐形冠军。

2. 新材料创新链、产业链上下游一体化协同联动与联盟构建

新材料创新链本质上是指从新思想到新材料价值市场实现一系列职能活动的序列集合，包括将新材料科研成果或发明应用于生产实践，转化为产品或服务，实现新材料商品化，最终完成科技成果产业化的全过程。这一过程构成新材料创新链的基本活动，一般被划分为五个时序上继起的阶段——创意激发、研究开发、知识物化、产品制造和市场实现。而为支持新材料创新链基本活动的展开与价值增值，融资服务、技术服务、信息服务、人才服务等专业化支持性活动也被结构性地嵌入新材料创新链之中。这样创新链的基本结构就包括创新基本活动与创新支持活动。要转变长期以来形成的孤立、分割看待新材料研发与创新链各环节的思维偏差，转变为用彼此关联的网络视野来看待新材料产业创新，持续推进新材料创新链各环节一体化联动深化进程。这是指针对新材料产业创新链的各个环节，并不需要严格地按时间顺序依次线性展开，新材料创新政策不能仅着眼于片段而彼此割裂，创新链各阶段环节与各参与主体是彼此交织形成的复杂网络关系，想要最终实现新材料技术与市场整合、新材料研究开发与生产营销整合、新材料企业创新内外部知识有效整合以及新材料研究开发链与生产销售链无缝链接，就要主动将新材料产业价值链条各分工环节衍生出来的创新链条实现相互链接，交互形成新材料产业创新网络，在这个创新网络内产业创新资源可以持续实现优化配置。

从供应链的角度来看，新材料作为上游基础投入产业，要与中游中间件、下游终端产业合为一体，共同发挥作用，才能最终完成价值的市场实现，上、中、下游产业间并不是相互隔离的，而是在技术上彼此关联。上游新材料产业的产出是中、下游产业的投入，新材料产业创新成果也要经由中、下游产业的应用才能实现自身价值。根据产业上、下游关系，主动将新材料产业上游创新链（网络）、中游中间件创新链（网络）、下游终端产业创新链（网络）联结整合成更大规模的一体化创新网络，消融上、中、下游产业间存在的知识壁垒与鸿沟，更注重上、中、下游的信息交流

与联系互动，以打通研发设计、生产制造、集成服务等产业链条，构建内容能够自我更新、内生演进、核心技术自主可控的新材料产业生态圈，实现创新与产业发展联动及上、中、下游产业协同发展。

广东新材料产业当前面临着先进基础材料发展水平参差不齐的问题，具体表现为低端产能过剩、高端供给不足，即"有材不好用"，关键战略材料受制于人，产业链供应链安全问题表现突出，"无材可用、有材不敢用"；前沿新材料还处于"引进—跟随"阶段，技术有待突破，攻关力量主要以科研院所为主，企业参与程度较低，研发成果转化率低，研发资源分散且存在重复建设等问题，需要分门别类地针对痛点加以解决。加强新材料基础研究、应用技术研究和产业化的统筹衔接，完善创新链条的薄弱环节，形成上、中、下游协同创新的发展自觉。关键领域，要率先示范试点构建包括上游材料、中游中间件、下游终端的重点骨干企业、研发机构、各类组织机构在内的，注重业内广泛影响与实效的产、学、研、用相结合的新材料产业联盟（战略联盟或研发联盟）。根据实际情况与发展目标，可以选择由终端龙头系统集成平台牵头引领中游中间件企业、上游新材料企业发展，或由上游新材料企业产业链前端牵头带动中间元器件、终端集成企业发展，或由中游元器件—模块中间件企业带动前端新材料、终端集成发展等路径，并探索向其他新材料门类扩散，以推动实现上、中、下游产业协同与创新协同，促进中、下游产业向上游新材料的无障碍创新信息传递，中、下游产业的创新自觉激发上游新材料的研发方向与创新需求，以及基于中、下游的应用开发，上游新材料创新成果自动转化为中、下游产业创新的输入。

基于这种认识，为推动广东新材料创新链、产业链上、中、下游一体化协同联动，推进广东新材料产业链实现高质量发展目标，以园区（基地）为平台，广东新材料产业因地制宜探索制定出台由"链主"和"链长"两个主体组成的"链长制"，对于加快推动广东新材料产业建链、补链、强链、延链，充分发挥企业与政府的作用，打造新材料产业链发展新模式具有重要价值与实践意义。

链长制的"链长"是产业链倡导者、支持者、维护者和守望者，选择由地方政府领导担任，职责重点在于梳理重点产业链，找准产业链缺失和薄弱环节，制定产业链关键卡点攻关项目清单。而"链主"则多是由产业垂直整合能力强，在产业链发展过程中能够协调产业链上各个节点的活动，淘汰产业链落后环节，可以使整个产业链作为一个有机整体正常开展工作，引领产业链发展的龙头企业或生态主导企业。在新材料产业链实施"链长制"，是广东为贯彻国家"围绕产业链部署创新链"、"推进基础产业高级化和产业链现代化"，做大做强经济社会发展的产业基础的要求进行的制度创新。在这一制度安排中，"链主"是企业，"链长"是政府，链长制将企业、政府与产业三者联结了起来，由政府部门主要领导担任"链长"，统筹内外部资源，集中力量在产业链薄弱环节开展重点突破，加速构建完整的产业链条，并统筹考虑项目建设、人才引进、招商引资、技术革新、政策扶持等工作，加大工作力度，推动"建链、补链、强链、延链"服务产业发展，进而取得实质性进展。通过链长制来协调新材料产业链涉及的企业、政府部门、高校院所、中介服务等各个环节，构建全产业链生态，并在产业链深度研究的基础上，针对不同产业链构建政策、资源、服务体系，为推动广东深化《中国制造2025》的新材料发展提供支持。

3. 新材料制造企业服务衍生与培育服务新业态，丰富新材料产业生态圈内容

服务型制造是基于制造的服务和面向服务的制造，是制造与服务融合发展形成的新型产业形态，也是制造业基础新材料产业升级的重要方向。推进广东新材料企业从生产型制造向服务型制造转型，要抢抓新一代信息技术与材料制造、应用技术的高度融合的机遇，着力于新材料制造企业数字化和智能化融合，鼓励新材料生产企业衍生出制造服务。这是指针对当前广东新材料产业普遍表现出来的制造业属性特征，从微观层面聚焦新材料企业服务化，实现新材料企业以原有的优势制造业务为基点，通过多元化服务延伸，依托新材料的实体制造过程（母体业务），孕育出与实体新材料产品绑定在一起的新服务。这里新材料企业并未完全脱离制造业务，而是在原有制造业务的基础上发展衍生出新的服务业务，实现新材料制造企业业务面的横向扩张和服务程度的纵向深入，从而在锁定原有客户的基础上，开发和培育新型客户并实现客户的快速增长。新材料衍生出来的价值通过服务的形式加以体现，进而实现制造业由传统的产品生产制造向客户问题集成解决方案提供的服务化转型。

广东新材料企业以原有的优势制造业务为基点，通过相关多元化服务延伸衍生新的服务业务，除了制造完成的材料（产品），还提供旨在帮助客户更好地获得和使用材料的基础服务。这是指依托既有的具有优势的新材料产品，向客户提供功能性的服务，旨在帮助客户更好地获得和使用产品，具体表现为对产品售后的全程管理，通过历史订单数据库与当前市场调查数据库挖掘出目标客户群的显性需求，预生产出满足群体客户需求的通用化产品，聚焦产品的后市场，通过售后服务完善来保证产品价值。服务化转型还包括高端的提升性服务衍生，是指新材料企业利用优势资源与制造能力，在与下游客户交互的情境下，基于下游客户的个性化需求提供承载于新材料的定制化服务，让客户逐渐介入新材料产品物化的全过程，使得客户问题显化，并将客户问题的解决嵌于新材料的物化过程，实现新材料物化与服务提供的同步，为客户创造出全新的消费体验，同时创造了供需双方的价值，它包括与定制化研发设计、制造等过程相关的服务。这是一个循序渐进的过程，也是新材料企业能力不断扩展综合的过程，需要新材料企业依托不断完善的服务型制造网络来提升自身针对客户问题解决的服务衍生能力。广东新材料企业制造服务化既是企业自发的，也是一个需要政府采取措施引导、推进及扶持的过程，促进广东新材料制造企业实现由单纯新材料制造商向下游客户问题集成解决方案提供商的转型，也帮助广东新材料制造企业实现从单纯的外部要素资源提供者角色向客户价值创造合作者角色的转变，以实现新材料企业业务面的横向扩张和服务程度的纵向深入，拓展广东新材料企业新的业务增长点。

而与此同时，当今产业间的竞争已演变为产业生态圈的整体竞争，成熟的内容丰富的产业生态圈正成为产业创新持续发生的平台，它是由社会产业要素资源构成的、遵循经济学规律的、相互依赖的动态产业空间。其主体组织包括科技、生产、服务、政府等社会经济组织和服务机构等。其中，科技要素资源包括高校、科研院所、社会研发机构等，生产要素资源包括制造、销售等，服务要素资源包括城市基础设施、准公共性的平台基础设施等，政府要素资源包括政府机构、产业政策、制度体系等。完善健康的产业生态圈内组织主体多样，共同协力推进产业演化，表现出旺盛的生命力与自组织发展能力。目前广东新材料产业生态圈的内容更加偏重于制造产业链上下游关系，生态圈各子系统结合得还不够紧密，独立发展的意味较浓，新材料环境基础设施支撑子系统还处于不断完善之中，由于主体较为单一，更多地集中于制造企业主体，偏重轻软的特征突出，更偏重于实体有形物料的传递，而润滑、联结、沟通新材料上下游制造产业链的专业型科技服务新业态与组织发育滞后，使得专业性知识信息传递不畅，交互不足，新材料产业生态圈应对外部冲击表现出的活力与柔性不足，因而日益表现出与当今急剧变化的外部环境与技术发展的不适应。要以"链长制"工作实践为抓手，着眼于广东已然组织较为完备的如园区、基地、公共平台、共享平台等新材料产业基础设施建设，以此为突破口，进一步挖掘其创新高地与产业高地的带动作用，提升新材料产业服务能力与支撑水平，同时要在条件成熟的新材料门类，按照国家部署循序推进新材料工艺制造公共平台、新材料产业资源共享平台、新材料性能测试公共平台、新材料应用公共平台等设施的建设，以硬件为基础，加强与软件信息技术的结合，鼓励基于平台新材料社会化专业性科技服务的新业态的不断衍生，培育现代服务业，促进新材料上下游产业链、创新链数据信息与知识资产的交互，再催生出更多的社会化专业性科技服务主体，以知识、信息和服务的投入提高新材料研发效率，促进新材料研发成果转化，降低制造成本，取得范围经济，与下游客户实现价值共创，且不断完善丰富广东新材料产业生态圈的内容。

4. 新材料产业发展战略设计既要体现广东制度优势潜力，又要与时俱进有所变化

发展中国家要取得发展，仅靠复制发达国家的先进制度与政策是没有用的，必须寻求适合自己的良性路径，而市场经济本身也并不必然带来经济繁荣与国家富强、人民幸福，制度驾驭能力是有效发挥市场经济作用的根本保障。改革开放四十余年，广东经济取得举世瞩目的伟大成就，伴随中国快速发展成为全球第二大经济体，广东GDP总量连续三十四年位居全国第一，2022 年的数据是 13.05 万亿元，拥有深圳（3.25 万亿元）、广州（2.93 万亿元）两个超大城市，已成为全国第一制造大省与享誉全球的重要工业品制造基地。

将现代化要求与中国具体实践有机结合起来，广东勇于先行先试，解放思想，大胆实践，在全国率先探索、示范，从而形成了广东的发展逻辑——在工业化与产业发展中充分利用和发挥出中国特色社会主义制度优势，并持续推进制度创新，积累了丰富且实践中证明行之有效的政府管理经济与促进产业发展的经验与做法，丰富了中国特色社会主义经济内容，成长为国际社会观察我国改革开放的重要窗口。从产业发展层面来看，这些宝贵的经验与做法可以总结为市场与政府的结合，集中力量办大事、企业家型地方政府竞争、试点示范推广以及包括产业结构政策、产业组织政策、产业布局政策和产业技术政策等各类政策在内的一整套动态复杂的政策组合。广东政府采取的这些灵活的对经济调控的行为为持续推进经济快速增长、产业结构不断优化升级发挥了重要作用。在当前复杂国际国内新形势下，推动广东新材料产业发展同样也需要借鉴继承广东政府管理经济的宝贵经验与政策做法，但同时也要适应新时代新要求加以扬弃完善，既发挥出市场在资源配置中的决定性作用，又更好地发挥政府的调控引导作用。

政府对产业的援助工具主要有两大类：一是控制市场准入的限制性审批，审批原则是有保有压、扶优扶强，对材料产业审批范围涵盖过剩产能淘汰、不足产能扩张及清洁生产示范试点等，审批内容可以深入各个技术经济环节；二是通过税收减免、土地供应等优惠鼓励其发展。从政策手段看，包括税收减免优惠（企业所得税、增值税减免、进口环节的关税和增值税减免等）、直接财政补贴（研发投入的直接补贴、资本金注入、贷款贴息、通过各类投资基金进行股权投资、土地使用补贴等）、技术改造和设备更新激励（技改贴息贷款、缩短折旧年限、先进设备进口税收减免等）、与贸易有关的投资措施（外资企业采购的国产化比例要求）、出口导向和进口替代补贴、政府定价转移类补贴等。前一时期广东工业产业发展中，这些普遍运用的政策工具具有快速实现经济赶超、强选择性产业政策的倾向，在现行财政体制和官员政绩考核晋升制度下，政府介入干预产业部门资源配置，表现出集中力量办大事、先进经验示范推广目标明确、自上而下强力推动的特征，在中国独特的企业家型地方政府推动下形成了各地区各级政府主导、投资驱动的工业增长方式并发挥重要作用。

经过三十余年的高速增长，随着从要素驱动向创新驱动经济"新常态"转变，社会各界对广东经济的增长要更多依靠人力资本质量和技术进步创新驱动发展已达成基本共识。从政府层面来看，激励完善市场竞争秩序、激励创新为基本导向的功能性产业政策变得更为重要，而强选择性产业政策的重要性下降。但面对当今复杂多变的国际政治经济形势以及严峻的产业安全保障挑战，简单地向以普惠、竞争为主要特征的功能性产业政策急剧转向可能还难以应对当前欧美发达国家以"举国体制"背书对广东龙头企业的围猎。目前，广东产业的发展出现终端集成优势与关键材料中间件供应链劣势并存的情况，面对"卡脖子"困境，要进一步彰显继续保留政府对经济与产业强力介入的必要性，这意味着选择性产业政策短期内还要有所加强。与此同时，前一时期广东新材料选择性产业政策实施所形成的丰富的政策遗产，包括各级广东新材料基地（园区）、新材料实验室与研发机构组织、新材料专业孵化器与加速器等各类新材料产业发展的硬件与软件基础设施，也包括所形成的一批集聚各类发展资源并拥有较强实力的龙头骨干企业，这些基础设施与龙头骨干企业是广东新材料功能性产业政策发挥效力的平台与政策着力点，也是新材料选择性产业政策的深化。这表明，广东新材料产业发展长期实践所获得的政府管理经济的宝贵经验与制度优势不能丢弃，当然也要与时俱进，对新材料选择性产业政策内容进行调整优化，更加注重上游产业的供应链安全保障，一段时期内仍要继续发挥选择性产业政策效力，并在此基础上着力打造有利于技术创新的生态，结合更加关注补贴资金使用效率和透明度的功能性产业政策，应是"十四五"时期政府对广东新材料产业发展调控的基本方向。

二、广东新材料产业转型升级高质量发展战略思路的提出

面向广东制造业高质量发展目标，深刻研究广东新材料产业大而不强、宽而不深的深层次问题，以提升新材料产业自主创新能力为核心，在

前有标兵、后有追兵的情境下，围绕广东新材料产业创新驱动，在扩大与深化对外开放中加快广东新材料产业发展，要夯实巩固广东国内新材料第一方阵地位并形成超越位势，实现国际影响力持续提升。创新能力、产业竞争力向国际先进水平看齐，在若干战略领域实现从跟跑到并跑再到领跑，初步建成国际一流的粤港澳大湾区新材料科创高地和全球有重要影响力的新材料产业高地。

对制约广东产业发展的痛点，以突破一批"卡脖子"关键新材料、抢占一批制高点材料技术为重点，提升新材料产业对广东战略支柱产业、战略性新兴产业拓展科技前沿、抢占全球产业发展制高点的支撑能力。坚持新材料产业的重点发展与分类指导相结合，短期发展与长期能力建设相结合，有所为有所不为，树立新材料与元器件、模块中间件、产品创新一体化突破，新材料产业开发—应用上下游联动一体化发展理念，培育新材料科技服务新业态，完善拓展广东新材料产业生态圈，加强应用推广，推进广东新材料服务型制造深入发展。

短期围绕维护广东经济安全、产业安全、供应链供应安全保障的中心任务，提高对广东龙头企业供应链进口替代、转移、重构的保障，努力提升产业链供应链现代化水平，广东新材料产业还要主动承担起对国家经济安全、产业安全保障的任务，为全国经济安全与健康发展提供支撑。长期将广东新材料产业作为扩大与深化对外开放中构建自主型产业链的关键核心环节，逐步增强对广东制造业向高端发展的引领。

广东新材料产业发展要重视突出新材料基地（园区）作为产业发展核心的地位，要以广东新材料基地（园区）为政策实施高地与建设抓手，加强顶层设计协调，理顺广东新材料基地（园区）管理体制，以此夯实广东新材料产业发展平台，推进基地（园区）发展升级，扩大与深化对外开放，整合国内外"政、产、学、研、用"各类产业发展资源，集中新材料产业发展资金投入，集聚国际国内高端人力资本，提升新材料创新基础设施、产业基础设施支撑能力能级，做大做强一批新材料骨干企业群体，建设粤港澳大湾区全球新材料产业创新中心、产业发展高地。

广东先进材料产业要以基地（园区）为平台，加大先进基础材料产业链延链、补链政策支持力度，推动有实力的材料企业进行多元化布局，实现谱系化发展，鼓励先进基础材料企业向产业链下游环节延伸，引导企业加大对产业链下游环节的投入力度，增强企业技术研发与运营管理能力，占据价值链高增加值环节，推进产业质量效益再上新台阶，实现综合实力、可持续发展能力显著增强。

广东前沿材料要构建与完善"主导企业牵引＋材料企业集聚"的创新生态系统，建立主配协同创新机制，建设自主创新能力强、技术特色明显、规模化程度高、产业配套齐全、全国领先的产业体系，基本建成世界级前沿新材料创新中心及具有全球重要影响力的研发和制造高地。

第六章 广东新材料产业发展重点与空间布局

一、广东新材料产业发展重点

（一）先进材料

新一代电子信息材料着力于提升核心电子元器件、高端通用芯片，提升高端电子元器件的制造工艺技术水平和可靠性，布局关键核心电子材料和电子信息制造装备研制项目，支持发展晶圆制造装备、芯片/器件封装装备3C自动化、智能化产线装备等。突破芯片先进封装、新型高性能TFT背板、OLED蒸镀/印刷、5G关键材料等领域原材料研发、材料制备和产业化的关键技术，开发一批重点产品。

先进材料包含非金属矿物制品业，黑色金属冶炼和压延加工业，有色金属冶炼和压延加工业，金属制品业，化学原料和化学制品制造业，化学纤维制造业，橡胶和塑料制品业，计算机、通信和其他电子设备制造业等8大类25中类中的93小类。先进材料（含建筑材料、绿色钢铁、有色金属、化工材料、稀土材料）产业是广东的重要产业。发展重点是巩固提升高端建筑陶瓷与卫生陶瓷、低碳水泥等现代建筑材料的发展优势，支持发展预制构件、预拌混凝土、新型绿色建材；重点发展高端钢材和特种钢材，继续加强钢铁行业碳排放管理；支持发展中高端铜、铝、铅、锌、钨等有色金属加工以及再生有色金属回收重熔，推进发展高性能合金材料；支持发展高性能橡塑材料、高端碳纤维、高性能改性环氧树脂、高端电子化学品等化工材料，持续推进高性能复合材料及特种功能材料研发及产业化；支持稀土矿产开采、冶炼分离、材料应用。

（二）前沿新材料

半导体及集成电路要布局建设较大规模的特色工艺制程和先进工艺制

程生产线，重点推进模拟及数模混合芯片生产制造，满足未来射频芯片、功率半导体和电源管理芯片、显示驱动芯片等产品市场需求的快速增长；优先发展特色工艺制程芯片制造，支持先进制程芯片制造，缩小与国际先进水平的差距；加快 FD-SOI（全耗尽型绝缘体上硅）核心技术攻关，探索发展 FD-SOI 等新技术路径，大力发展 MOSFET（金属氧化物半导体场效应晶体管）、IGBT（大功率绝缘栅双极型晶体管）、高端传感器、MEMS（微机电系统）、大功率 LED 器件、半导体激光器等产品。支持氮化镓、碳化硅等化合物半导体器件和模块的研发制造；大力发展氮化镓、碳化硅、氧化锌、氧化镓、氮化铝、金刚石等第三代半导体材料，突破 AlN、GaN、SiC、Ga_2O_3、金刚石等宽禁带和超宽禁带半导体材料的原料合成/提纯技术，材料制备和分析装置制造技术，衬底/外延材料制备技术，开发大尺寸、低成本、高品质的衬底/外延材料和器件等重点产品，积极发展电子级多晶硅及硅片制造，加快氟聚酰亚胺、光刻胶、高纯度化学试剂、电子气体、碳基、高密度封装基板等材料以及高性能电子电路基材、高端电子元器件研发，推进光刻机、缺陷检测设备、激光加工设备等整机设备研发生产；大力支持纳米级陶瓷粉体、微波陶瓷粉体、功能性金属粉体、贱金属浆料等元器件关键材料的研发及产业化；支持建设高端片式电容器、电感器、电阻器等元器件以及高端印制电路板生产线。

广东重点发展的前沿新材料产业包括智能、仿生与超材料，低维及纳米材料，高性能纤维，新型半导体材料，电子新材料及电子化学品，先进金属材料，新型复合材料，超导材料，增材制造材料，新能源材料，生物医用材料，材料先进研发、制备和检测、验证服务等领域。广东要重点突破超导材料、智能、仿生与超材料、高温合金、极端环境材料等研发制备难点；突破石墨烯等低维及纳米材料规模化制备和微纳结构测量表征等关键技术，突破低维、纳米技术，推动低维、纳米材料产业的发展和应用；支持纳米材料研发及其在光电子、新能源、生物医用、节能环保等领域的应用；突破宽禁带和超宽禁带半导体材料、高性能低成本增材制造材料、高性能铝/镁合金新材料、高端溅射靶材、粉末冶金新材料、高性能复合材料等研制应用；开发高效锂离子电池和燃料电池等关键材料和技术、核能锆材和核乏燃料相关材料、规模化制氢和高容量储氢关键材料和技术，实现产业化；着力突破关键零部件表面功能化及防护关键制备技术；开展前沿新材料及其相关产品研发、测试、评价新技术研究，开发高端测试仪器设备，突破材料基因工程的高通量计算/实验/专用数据库等关键技术，促进平台融合和协同。

二、广东新材料产业发展空间布局

（一）先进材料重点细分领域发展空间布局

1. 建筑材料

广东省以广州、佛山、中山、江门、肇庆、韶关、阳江、湛江、清远、河源、梅州、茂名、潮州、云浮、揭阳等城市为依托，重点发展建筑材料产业。广州发展无机非金属材料；佛山着力发展以高端建筑陶瓷、卫生陶瓷为主的建筑材料；中山着力发展陶瓷卫生洁具等建筑材料；江门着力发展绿色水泥、混凝土、平板玻璃等建筑材料；肇庆着力发展高端建筑陶瓷、绿色水泥等建材产业；韶关重点发展装配式建筑材料和绿色建材；阳江着力发展以绿色水泥、节能玻璃、新型陶瓷为主的建筑原材料；湛江着力建设装配式建材基地；清远重点发展绿色水泥、高端建筑陶瓷等建材产业；河源重点发展硅基建筑材料、绿色建材；梅州着力发展全产业链绿色建材行业；茂名重点开发高岭土、钛铁矿、南方玉、建筑用（粉料）大理岩等矿产资源；潮州着力发展建筑卫生陶瓷产品；云浮、揭阳着力发展高端石材产业。

2. 绿色钢铁

广东省以佛山、阳江、湛江、韶关、河源、云浮等城市为依托，重点发展钢铁材料产业。佛山着力发展以高端不锈钢材料为主的绿色钢铁材料；阳江着力发展以高端不锈钢、建筑用钢、铝合金板材为主的合金原材料；湛江依托宝钢湛江钢铁项目，形成千万吨钢材生产能力和百万吨级超高强钢生产能力；韶关以韶钢为龙头发展特殊钢、优质钢，引入下游产业链，打造新型特色产业园和钢铁基地转型升级的示范区；河源开发优钢、特钢、高强度热轧带肋钢筋等产品；云浮重点发展优特钢、精品钢产业。

3. 有色金属材料

广东省以广州、佛山、中山、肇庆、梅州、惠州、清远、韶关、河源、潮州、汕尾、云浮、揭阳等城市为依托，重点发展有色金属材料产业。广州着力发展铜、铝、锌等有色金属冶炼及压延加工业；佛山着力发展以铝加工材、铜加工材、再生有色金属、有色金属铸件为主的有色金属材料；中山着力发展光伏、新型显示用有色金属，新能源、节能电机用特种金属材料；肇庆充分利用再生铝回收重熔以及有色金属铸件与铝加工产业集聚的优势，重点发展铝型材、有色金属铸件等有色金属产业；梅州重点开发高精度电子铜箔、高性能铜箔等产品；惠州重点发展低氧光亮铜杆、精密铜线、合金导线等；江门重点发展铝合金深加工和不锈钢制品；清远重点发展铜、铝等再生有色金属回收重熔，以及有色金属铸件、铜加工材、铝加工材等有色金属产业；韶关充分利用地域铅锌铜、稀土和钨等有色金属矿山资源集聚以及铝加工材优势，重点发展有色金属产业精深加工；河源充分利用钨、铷、铁矿等丰富的矿产资源优势，重点发展矿产资源深加工；云浮重点发展高性能铝板带箔复合材料、电池箔用铝基材等产品；潮州建设钨粉末研发和生产基地，发展硬质合金；汕尾重点发展贵金属预成型焊片研发及生产；揭阳发展建筑五金、日用五金、工具五金、不锈钢制品。

4. 化工材料

广东省以广州、珠海、佛山、深圳、东莞、惠州、中山、江门、湛江、汕头、揭阳、茂名、韶关、云浮等城市为依托，重点发展化工材料产业。广州重点发展化学纤维及其制品、高性能膜材料、高性能塑料及树脂、高性能橡胶及弹性体、新型功能涂层材料、专用化学品及材料等先进高分子材料，加快建设纳米科技核心研发区、中试孵化区等核心功能区；珠海充分发挥珠海高栏港绿色新材料产业园及港口交通优势，大力发展功能高分子材料；佛山着力发展以塑料、涂料为主的化工材料；深圳、东莞重点发展以高性能塑胶制品为主的化工材料，以高端电子化学品、电子陶瓷和电子玻璃为主的电子材料；惠州重点发展聚烯烃、工程塑料、聚酯产品、功能性材料和化学品；中山重点发展家电用塑胶、化学涂料、先进膜材料等化工材料；江门着力发展油漆、涂料等化工产品；湛江着力发展以化工新材料、合成材料、有机原料、专用与精细化学品为主体的高端化工材料；汕头加快建设化学与精细化工省实验室，做强做大化学试剂及化工新材料产业；揭阳着力发展循环再利用差别化涤纶短纤维和原液着色"绿色纤维"；茂名重点发展碳纤维、3D打印（增材制造）材料产业，以及造纸涂料、建筑涂料、石油催化剂载体等材料；韶关重点发展油漆涂料、油墨、胶粘剂、树脂及各类助剂等产品；云浮重点发展硫化工、钛白粉等产业。

5. 稀土材料

发挥广州、中山、阳江、江门、肇庆、河源、梅州、茂名、韶关等城市资源和大厂优势，重点围绕稀土矿山、冶炼分离、资源综合利用、新材料、终端应用产品开展全产业链运营发展，推动稀土在生物、医疗、新能源等新兴领域的应用，大力发展稀土深加工应用产业。

（二）半导体及集成电路重点细分领域发展空间布局

1. 芯片设计及底层工具软件

以广州、深圳、珠海、江门等城市为核心，建设具有全球竞争力的芯片设计和软件开发聚集区。广州重点发展智能传感器、射频滤波器、第三代半导体，建设综合性集成电路产业聚集区；深圳集中突破CPU（中央处理器）/GPU（图形处理器）/FPGA（现场可编程逻辑门阵列）等高端通用芯片设计、人工智能专用芯片设计、高端电源管理芯片设计；珠海聚焦办公打印、电网、工业等行业安全领域，提升芯片设计技术水平；江门重点推进工业数字光场芯片、硅基液晶芯片、光电耦合器芯片的研发制造。

2. 芯片制造

依托广州、深圳、珠海等城市，做大做强特色工艺制造。广州以硅基特色工艺晶圆代工线为核心，布局建设12英寸集成电路制造生产线；深圳定位28纳米及以下先进制造工艺和射频、功率、传感器、显示驱动等高端特色工艺，推动现有生产线产能和技术水平提升；珠海重点建设第三代半导体生产线，推动 8 英寸硅基氮化镓晶圆线及电子元器件等扩产建设；佛山依托季华实验室推动建设 12 英寸全国产半导体装备芯片试验验证生产线。

3. 芯片封装测试

以广州、深圳、东莞等城市为依托，做大做强半导体与集成电路封装测试。广州发展器件级、晶圆级 MEMS 封装和系统级测试技术，鼓励封装测试企业向产业链的设计环节延伸；深圳集中优势力量，增强封测、设备和材料环节配套能力；东莞重点发展先进封测平台及工艺。

4. 化合物半导体

依托广州、深圳、珠海、东莞、江门等城市，大力发展氮化镓、碳化硅、氧化锌、氧化镓、氮化铝、金刚石等第三代半导体材料制造，支持氮化镓、碳化硅、砷化镓、磷化铟等化合物半导体器件和模块的研发制造，培育壮大化合物半导体 IDM（集成器件制造）企业，支持建设射频、传感器、电力电子等器件生产线，推动化合物半导体产品的推广应用。

5. 材料与关键元器件

依托广州、深圳、珠海、东莞等城市，加快氟聚酰亚胺、光刻胶、高纯度化学试剂、电子气体、碳基、高密度封装基板等材料的研发生产，大力支持纳米级陶瓷粉体、微波陶瓷粉体、功能性金属粉体、贱金属浆料等元器件关键材料的研发及产业化。依托广州、深圳、汕头、佛山、梅州、肇庆、潮州、东莞、河源、清远等城市大力建设新型电子元器件产业集聚区，推动电子元器件企业与整机厂联合开展核心技术攻关，建设高端片式电容器、电感器、电阻器等元器件以及高端印制电路板生产线，提升国产化水平。

6. 特种装备及零部件配套

依托珠三角地区，加快半导体集成电路装备生产制造。支持深圳加大集成电路用的刻蚀设备、离子注入设备、沉积设备、检测设备以及可靠性和鲁棒性校验平台等高端设备研发和产业化；支持广州发展涂布机、电浆蚀刻、热加工、晶片沉积、清洗系统、划片机、芯片互连缝合机、芯片先进封装线、上芯机等装备制造业；支持佛山、惠州、东莞、中山、江门、汕尾、肇庆、河源等城市依据自身的产业基础,积极培育特种装备及零部件领域龙头企业及"隐形冠军"企业,形成与广、深、珠联动发展格局。

(三) 前沿新材料重点细分领域发展空间布局

1. 电子新材料和电子化学品

以广州、深圳、佛山、东莞、珠海、江门、肇庆、惠州、汕头、潮州、韶关、梅州为依托,巩固电子新材料及电子化学品发展优势,重点发展特种电子玻璃、电子陶瓷、稀土功能材料、电子薄膜材料、高性能电子用铜/铝合金、金属电子浆料及电子化学品产业。

2. 先进金属材料

构建以珠江西岸和粤北地区为主的先进金属材料产业集聚区。依托韶关、肇庆、湛江、阳江、云浮等城市,重点发展高性能钢材。依托广州、佛山、中山发展高性能铝/镁合金;依托东莞发展基于中子散射技术的新一代高质量高温合金的高通量设计、开发及应用;依托清远、韶关发展高性能靶材;依托惠州、梅州发展高性能铜箔;依托深汕特别合作区发展航空高温合金材料;依托潮州重点建设钨粉末研发和生产基地,发展硬质合金;依托河源重点建设超硬新材料生产基地。

3. 新能源材料

以深圳、广州、珠海、佛山、东莞、江门、惠州和云浮为依托,建设新能源材料集聚区,重点发展高性能动力电池材料、燃料电池材料、储氢材料和核能材料产业。

4. 生物医用材料

以广州、深圳、东莞、珠海为依托,建设生物医用材料集聚区,辐射带动粤东和粤西两地的高端生物医药和医疗器械产业。重点发展纳米医药材料、医用高分子材料、植/介入医用材料、医用耗材、中成药原料提取物等技术和产业。

5. 纳米材料

以广州、佛山为依托,建设纳米科技核心技术研发、中试孵化、微纳加工、工程化示范应用和产业化等功能性基地与平台。依托广州,建设

"中国纳米谷",打造全球领先的"纳米创新集群",形成纳米技术产业集聚区和辐射效应圈。

6. 材料创新服务

以广州、深圳和东莞为依托,构建材料基因工程研发平台和材料测试验证评价平台。

第七章 广东新材料产业高质量发展行动计划与重点工程

一、广东关键战略新材料供应链替代、转移与供应安全保障行动

（一）面临的问题

中美贸易冲突爆发之前，广东产业外移考虑主要以降低生产成本为出发点。例如，人民币汇率持续升值，劳动力成本不断上升，加上环境保护、资金成本及税收压力等方面的因素，对集成产品的终端出口产生很大的影响。中美贸易战与俄乌战争爆发之后，全球供应链出现收缩重整，随着这一进程的深入，广东的国际化运营终端集成支柱产业国际生产供应链面临更大的不确定性。由于国际开放度越高，产业不确定性越大，在全球单边主义盛行的情况下，供应链运作安全保障受到越来越大的冲击。例如，关键材料与中间件，半导体集成电路、通信基站射频芯片、智能手机芯片、工业物联网传感器等关键材料与中间件的可持续供应可能出现问题，在美国越来越频繁地采用"长臂管辖"规则的制裁压力下，供应链全球代工组装巨头伟创力、富士康等也面临着巨大的压力，与此同时，美国不断地以国家安全的名义对中资企业进行多方面的"封锁"打压，导致华为5G通信设备、大疆无人机、海康威视安全监控等技术密集终端产品的国际市场出口遇阻，加上关税大幅变化等意外情况越来越难以预测。以上种种，可以肯定广东新材料产业所面临的已不是短期的暂时的困难，而是一个长期的趋势。

在此背景下，广东以新一代通信、半导体集成电路、高端装备、绿色经济为代表的战略性支柱产业及战略性新兴产业安全面临严峻挑战，快速发展的势头受阻：一方面表现为这些产业关键材料与中间件供应链安全受

到持续威胁,这部分关键材料与中间件的供应链主要掌握在美日欧等发达国家的企业手中,受到的阻击与影响最大;另一方面,表现为本土高精尖代工组装服务能力欠缺,这部分以代工能力为表征的供应链广泛分布于环东亚地区,受到美国"长臂管辖"的影响。

(二)问题的产生与分析

由于新一代电子信息、消费电子产品、高端装备、绿色经济等产业技术密集度高、经济辐射渗透力强,长期以来一直受到美日欧等发达国家的高度重视,这类产业也是支持《中国制造2025》与"工业4.0"不断深化的先导与代表性产业,对建设制造强国与广东制造强省具有重大战略意义。经过二十余年的发展,广东电子信息、装备制造产业保持了较快的发展速度,已成为带动广东经济发展的先导产业与支柱产业,并在二十余年全球贸易自由化稳定深化的背景下形成了以终端集成产品外向市场带动,出口导向拉动,全球范围配置供应链,国际化运营程度最高,集聚国际国内人力资本创新能力最强的产业发展模式,且随之匹配形成了紧跟乃至引领全球主流市场终端产品集成技术进步,全球外包关键战略材料与中间件的技术发展特征。最大限度地利用和获得了全球化经营的红利,对外开放度最高的广东,在制造业实体经济领域成长起来了一批专注于终端集成产品技术分工,具有国际品牌声誉的行业标杆企业,如华为、中兴、格力、比亚迪、大疆等。"逆全球化"背景下的中美贸易战,以及不断加码的关税影响,直接形成了对广东这些制造业标杆龙头企业的发展运营模式与技术进步模式的精准打击。广东这些龙头企业生产运营供应链的安全保障及安排设计,不仅关系到广东各产业龙头自身的生存与发展,也直接关系到广东新一代通信设备、可穿戴消费电子产品、人工智能、智能装备等战略新兴支柱产业的安全,以及未来广东经济实现持续与高质量发展,建设制造强省战略的成败;在政治上,这种安排设计更是广东树立"标杆意识",突破国际上对"中国崛起"封锁线的展示窗口。

(三)解决方案

广东终端集成产品龙头企业面临的中美贸易战对供应链全球化的阻

击,反映出这些龙头企业较高的终端产品集成技术与较低的关键战略材料、中间件技术并存的技术结构特征,这种不平衡的技术结构特征客观上具有能够利用经济全球化红利的一面,但在"逆全球化"浪潮的冲击下也表现出其脆弱的一面。广东终端集成产品龙头企业基于供应链全球布局,遵循全球市场主流产品技术发展轨迹,充分利用了贸易自由化集成全球优势发展资源,发挥自身的比较优势制造出性价比极高的终端产品,再抢占国际主流市场份额。这种模式一方面使得企业的水平与进步速度已经实现与发达国家的对话乃至赶超;另一方面,由于性能原因没有进入关键战略材料、中间件供应链,企业的技术进步仍处于相对迟缓的状态。

笔者认为,在全球供应链格局重整与区域收缩的背景下,无论企业是否受到阻击,都要重视修正之前依赖全球供应链来实现终端集成技术进步的发展模式,新的形势倒逼企业要更多依靠关键战略材料、中间件本土供应链,进而推进自身集成技术的进步。而要实现全球供应链配置的收缩转变,广东龙头企业需要从集成技术源头上充分利用自身已有的平台来推进自主创新,以逐步形成与国际市场主流集成产品技术平行进步的轨迹,并摸索出自身的发展逻辑。龙头企业作为明确的发动者,行动内容如下:

第一,推动广东本土新材料供应链实现替代自主创新。分布于全球的广东重点战略支柱产业的外部关键供应链环节需要适当向本土收缩或转移,重构自身供应链,提高自主可控性,以保障供应链的供给安全,在分工越来越精细化的今天,这一任务显然不是这些实体制造龙头企业单独努力就能完成的。本土集成技术与广东关键材料、中间件技术之间的差距相对较小,瓶颈在于这些龙头企业的供应链,要克服从全球供应链到本土供应链的替代困难。对此,广东可以以这些龙头企业为政策作用对象,推动对平台集成技术进行基于广东本土新材料关键元器件供应链的适应性调整研发,降低本土关键材料、中间件供应链替代原有供应链过程中可能发生的风险,广东要继续深入推广并用好国家的新材料首批次应用保险补偿机制,以"揭榜挂帅"项目清单制来推动实现供应链的本土替代,由广东工业产业龙头企业主动发起并承担大部分任务,对其集成技术进行适应性自主创新调整。

第二,推动实现基于本土供应链的平行集成技术自主创新。本土关键材料、中间件技术普遍存在已经发育但高度不够的问题，和龙头企业发达的集成技术相比存在较大的差距，主要表现为：虽然研发出来了但可靠性不足，批量生产成本还过高；虽然能生产出来，但品质与性能还无法达到发达国家的水平。在龙头企业现有的集成技术水平下，短期内还无法在技术上实现这种供应链的替代转换，需要依靠企业的技术积累，并结合对国际主流市场长期的理解与把握，进而基于本土水平有待提高的关键材料、中间件供应链寻找被忽视的"一带一路"沿线及国内新市场的需求偏好，构建起如电动车替代摩托车、山寨机替代智能机等产品的新的价值理念，重新定义新的产品价值主张，并由此开发出与国际市场主流集成技术平行的新的集成技术，开拓新增量市场。这一思路基于本土现有关键材料、中间件供应链水平，利用龙头企业已有技术平台和技术积累，以及长期浸渍于市场而形成的对不同市场的理解，它将"满足内需"放到更加重要的位置，以内需为主，兼顾发达国家市场以外的外需市场开拓，构建本土产品系统的集成技术自主创新体系，建设与自己平行的产品技术演化逻辑及产品供应链生态，最终形成本土自主的产业发展逻辑。

二、广东新材料创新联盟与产业联盟建设行动

（一）面临的问题

广东新材料已形成包括预研、研究开发、知识物化、中试与新材料制造、检测测试、市场实现在内的新材料创新链。围绕新材料创新链的各个环节，广东布局了相对完善的国家、省、市（园区）三级新材料研发机构与组织、中试基地、前孵化器、孵化器与加速器、新材料检测测试平台、新材料基地（园区）等创新基础设施。不过，当前广东新材料创新链的各个环节还以线性联结为主流，环节间信息知识的流动仍主要是从上游研发向下游转化的单向递推，环节间跨组织信息交互网络发育不足，使得创新链的各个环节以及各环节分布的创新基础设施作用更偏向于各自为战、独立发挥作用，未实现整合进而形成整体创新优势，各环节间投入产出的一致性低，呈离散状态，研发效率不高。

与此同时，作为广东制造业上游的材料产业，普适通用型材料门类已与下游产业形成紧密关联的供应链关系，但在作为"广东智造"代表的先进制造产业领域，如高端装备、先进元器件与功能模块、新一代信息技术、生物功能材料、人工智能、工业物联等，上游本土新材料的开发与中下游产业特定用途、特定工艺、特定产品的开发信息协同联系度不高，相互间较为独立，未能实现创新一致的协调运作，上下游创新投入目标的覆盖面比较宽泛。先进制造业上下游本土供应能力一致性不高，可靠性不足，产业链的上下游存在脱节，这些问题一方面导致上游能做出的材料中下游不会用、不敢用，另一方面又造成中下游急需的新材料在既定批量或性能要求上实现不了有效供应，无法提供"产品（材料与元器件一体化）—工艺（材料制造工艺—元器件工艺一体化）"实现整合的"材料—器件—中间件"全套解决方案，造成广东龙头企业更偏好供应链全球解决方案，而广东的本土材料、中间件供应链发育迟缓，广东先进制造业集成产品终端技术前沿拓展与规模快速扩张对本土新材料企业、元器件与中间件企业的带动作用传递存在较大的漏出损耗，上游本土新材料与中下游产业间的投入—产出关系相对较弱，上下游产业创新协同不足，广东新材料产业创新效率不高，不能跟上广东先进制造业终端快速创新的节奏。

（二）解决问题内容与目标

推进广东新材料创新链—产业链的各构成环节、各组织主体、各环节支撑基础设施结成网络整体，围绕广东新材料关键战略门类构建广东新材料创新联盟与产业联盟，创新联盟整合新材料创新链的各个环节及相关主体，产业联盟则从新材料上下游产业联系所形成的投入—产出关系着眼，整合供应链上下游各环节及相关主体，新材料创新联盟与产业联盟则是将新材料有无研发与新材料的产业应用链接起来，其涵盖的内容与跨越组织边界的范围更广，所形成的整体网络规模也更为庞大。联盟在提高新材料研发效率的同时也提高了创新效率，打通新材料从研发到创新再到应用的全产业链环节，实现创新链与产业链的协同联动。

从直观上看，新材料技术主要是以基于新材料应用的重点元器件、重点产品为物质载体，与特定方向的应用联系在一起，将新材料的技术开发与重点元器件、产品开发整合在同一框架内进行联盟设计——在材料开发时就要考虑到下游的应用推广，在重点产品开发时要考虑上游的材料供应，实现材料、元器件与产品并行开发的一揽子全套解决方案，而这些工作也能够为推进广东新材料标准体系的建设提供准备与基础。通过逐步推广构建广东新材料创新联盟与产业联盟，重新整合"政、产、学、研、用"不同组织主体，克服创新链、产业链各环节间、各组织主体间"知识孤岛效应"及各自为战、各管一段，不能形成整合优势的态势，打破组织间、环节间与产业上下游间的信息、知识传递藩篱，在创新链的各个环节上提供新材料有无的实验室研发、中试转产工艺开发及其检测测试技术开发一体化的全套方案，将上游新材料创新链与中下游产业应用创新链双向链接，形成整体网络，技术推动与需求拉动实现双向互动，形成从两端都能实现双向带动的良性运作机制。短期来看，能为广东龙头企业关键战略材料、元器件与中间件的全球供应链重整、本土替代、转换提供支持；从长期来看，则能夯实完善广东先进制造业与本土新材料协同互动发展的机制。

（三）构建联盟的思路与路径

广东新材料创新联盟与产业联盟建设本质上是在各关键新材料门类构建涵盖政、产、学、研各类组织主体，链接上游新材料创新与中下游元器件、产品创新建构一体化创新网络，是协同新材料创新与中下游产业创新，并将创新实现与产业应用进行整合考虑，以提高研发效率与创新效率，实体与虚拟相结合构建起来的新型超大规模的网络系统。由于广东各新材料门类发展情况与产业特征存在差异，在联盟的具体构建上，它可以表现为由新材料前端发起、自上而下推动，也可以表现为由终端集成产品、元器件端发起，自下而上拉动，还可以表现为自上而下与自下而上结合互动促进的特征，其关键就是要实现创新链一体化，产业上下游联动一体化。

基于这种考虑，联盟组建思路需要根据广东新材料各门类发展的实际情况与现实条件，以及前沿材料、关键战略材料与先进基础材料产业链各环节发育特征，选择联盟"盟主"或"链主"。好的"盟主"或"链主"

对于提高联盟运作效率具有重要作用，除了研发与产业实力较强、影响力广泛的高校、科研机构，以及规模较大、市场影响力强、实力雄厚的龙头企业（集团）等组织主体外，如果"盟主"或"链主"本身是在专业领域能够与产业链上游下游紧密联结的元器件、模块等中间件企业，则更具有战略价值。联盟的具体组织形式并无一定之规，既可以依托现有的实体组织，也可以是无实体的虚拟平台组织，还可以是各方参与的新建实体组织。对于联盟来说，组织形式选择的基本原则是解决问题、效率优先。由于广东不太可能囊括新材料产业的上下游开发—应用、投入—产出全产业链的各个环节，联盟的各组织成员在地域上也就不一定完全局限于广东省域范围内的组织主体，也可以跨越省域边界进行创新链、产业链的整合，其原则是各参与成员对所组成的联盟是最适合的，能够最大限度地激发出联盟的整体潜能。

三、提升创新与发展物理空间载体的广东新材料产业基地（园区）管理水平

（一）面临的问题

经过十余年的发展，广东已然形成广泛分布的国家、省、市三级新材料基地（园区）。如广州新材料产业国家高技术产业基地、佛山新材料基地、江门新材料园区、惠州新材料园区、珠海新材料产业园、中山精细化工特色产业基地等一批国家级新材料基地，汕头锆材料、韶关金属材料、南海新材料和清远光电子材料产业等省市共建战略性新兴产业（新材料）基地。这些新材料基地（园区）构成了广东新材料产业发展高地与核心区，新材料企业集聚区，新材料人力资本、产业资源配置高地与政府实施新材料产业政策的集中区，成为带动地区经济产业发展的重要增长极，对广东区域经济竞争力产生了重要的推动作用。可以说，广东新材料产业基地（园区）的发展直接关系到广东新材料产业所能实现的产值规模，随着新材料骨干企业不断培育与壮大，不断提升产业发展高度，作为促进新材料创新创业的抓手，已成为广东新材料拓展产业发展边界的先导区，地方做大做强区域特色资源的特优区，同时也是广东新材料科技基础设施和创

新平台建设、科研任务和项目落地的重要物理承载空间。

与已具有较大社会影响力的自贸区、高新区、经济开发区、保税区等有着明晰组织管理体系与地方政府派出机构法律地位的园区实体不同,分布于广东各地的一些新建的新材料产业园区,如江门新会新材料园区、惠州新材料园区等,具有实体独立管理机构,还有相当数量的园区不是作为一级园区组织管理实体而存在的,它们在行政管理上被纳入各地已挂牌的国家级或省级高新区、产业转移园、经济开发区管理体系,或是作为高新区"一区多园"或"园中园"中的二级园区进行管理,而更多的情况是作为仅有基地(园区)牌子而无对应实体的虚拟园区而存在。因此新材料基地(园区)的管理与建设主要是作为地方行政层级更高的高新区、经济开发区、产业转移园等园区管委会工作的重要组成部分,而并未被授予独立的土地、资金资源配置与审批权限,只是被纳入更高行政层级的一级园区体系内实行统一管理。

在这种情况下,作为二级园区的新材料基地(园区)的地位较为尴尬,对新材料基地(园区)建设的后续管理与约束存在明显不足。在具体实践中,对新材料产业的发展、促进与扶持大都体现为出台各种带有倾向性与偏向性的政策,还需要在更高层级上进行统筹管理,受各地园区管理部门行政主官的领域偏好以及既有新材料产业发展的基础与招商引资进入项目类型的影响较大,发展处于自发或较为随意的状态。由于新材料基地(园区)属于二级园区,与一级园区相对清晰的管理体制架构与公开的发展要求相比,存在着发展思路不清、现代化治理能力不强、资源投入强度受外部因素影响较大、省级与一级园区统筹协调力度不够等不适应新材料产业高质量发展要求的问题,这对广东新材料产业的持续健康发展产生的不利影响日益明显。

(二) 解决方案

"一区多园"或"园中园"二级园区的管理问题不仅存在于专业化的新材料领域,也广泛地存在于各战略性新兴产业专业领域。探索构建广东新材料产业基地(园区)新型二级园区管理体制是从理念上将新材料产业在广东战略性新兴产业中的重要战略基础地位突显出来,也是从组织管理上为广东新材料产业进一步做大做强提供发展环境不断改善的物理空间载体保障。将前一阶段普遍存在的虚拟新材料产业基地（园区）做实，明晰职责权利义务，使政府对新材料产业的引导与扶持由自发转为自觉，保证新材料产业政策实施的连续性与实际落地，对于稳定广东新材料产业的基础存量，不断提升产业边际增量的层次，都具有重要的价值与意义。

第一，加强新材料基地（园区）省级层面管理协调。高新区、经济开发区、产业转移园等这类一级园区都经历了较长期的发展历程，已然形成相对成熟的省级部门管理程序与控制手段、明确的资金投入比例设计、完善的程序化定期绩效评估，在地方上具有明确的行政层级，并被赋予了相应的行政职权，法律地位独立清晰。而对作为二级园区的新材料基地（园区），其工作虽然也明确归口到省级部门，如发改委、经信委、科技厅等，接受其指导与管理，但基地（园区）并无独立于法律地位的实体相对应，需要一级园区管理部门来执行。由于管理对象并无独立存在的园区实体与直接负责任的组织相对应，导致新材料基地（园区）省级层面的管理与政策对象不清晰，指导约束偏软，实施手段也相对匮乏。具体实践中，往往非常重视国家级、省级新材料基地（园区）的挂牌工作，但挂牌之后基地（园区）建设的推进，国家及省级新材料产业政策的实施绩效评估，资金的投入安排计划，基地（园区）的发展思路设计以及重整的指导等常常后继乏力，根本不能与一级园区已程序化的管理水平相比。这一方面造成了新材料基地（园区）的工作湮没于内容广泛的一级园区工作之中，具有的话语权较低；另一方面，从国家及省级战略层面出台的新材料产业政策执行落实的力度急剧下降，导致政策设计的初衷出现较大偏差。

加强新材料基地（园区）省级层面管理协调，就是要求广东省级部门如发改委、经信委、科技厅等，把对新材料产业基地（园区）的工作做实，做规范。首先要认识到新材料产业基地（园区）在广东新材料产业发展中的战略重要地位，明晰基地（园区）作为广东新材料产业政策实施重要抓手的作用，在理念上统一思想，高度重视广东新材料产业基地（园区）的工作。在思想统一的基础上，对标国家或省级高新区的管理要求，探索构建规范、有序、有效的新材料产业基地（园区）管理体系，进一步明晰管理对象，主动填补基地（园区）后端管理链条缺失环节，形成完善的从基地（园区）挂牌到运作数据监测与报送，从国家及省级新材料产业政策实施效果及基地（园区）发展情况进行定性定量相结合的科学评估，到定期帮助各基地（园区）理清阶段发展思路，指导各基地（园区）做好发展规划编制，以及结合新形势对发展思路进行调整，形成完善的广东新材料产业基地（园区）顶层管理框架，自上而下地激发出各基地（园区）力争上游的发展活力，从制度层面促进广东新材料产业基地（园区）的发展从自发转向自觉。新形势下，广东新材料产业基地（园区）的管理部门要加快省级层面的统筹管理与协调，推进各基地（园区）认清发展形势，主动将基地（园区）的发展纳入国际、国内环境的发展大趋势之中，理清发展思路并进行发展路径调整，定性定量结合，科学设定基地（园区）发展的短期目标与中长期目标。要积极创造条件，主动将广东关键战略新材料供应链替代、转移与供应安全保障行动，广东新材料创新联盟与产业联盟建设行动纳入基地（园区）建设要求之中，将基地（园区）打造成为广东新材料产业发展的先导区，同时加强对国家及省级政府部门出台的新材料产业政策在各基地（园区）的落地实施与执行的监测工作，并将其转化为量化可观测指标，以上述工作为突破口，带动广东新材料产业基地（园区）顶层管理框架的制度化与规范化建设。

第二，在各地一级园区管理框架内，探索理顺新材料基地（园区）二级园区管理体制。由于各地新材料基地（园区）物理载体空间大都与本地一级园区范围重叠，管理方面并没有实体的固定组织机构与专门人员相对应，而是普遍纳入一级园区的管理之中，这种安排的优点是园区采取"小政府"管理，缺点是新材料基地（园区）的工作责任与目标不清晰，已不能适应新材料产业在新形势下的战略重要性。理顺新材料基地（园区）二级园区管理体制，在实际操作中为避免政出多门与机构臃肿，无必要可不设管理机构及配置专门人员，但可以在一级园区管理目标统筹下科学设定二级新材料基地（园区）的建设发展目标，以明晰基地（园区）的建设要求，其中包括设定新材料产业领域内政府年度资金的投入目标与实际的资金投入统计，新材料企业研发资金投入增长进度，以及新材料企业群体与新业态衍生，新材料骨干企业成长的要求，并对国家及省级政府部门出台的新材料产业政策的落实与执行效果进行定期评估，做到对基地（园区）建设的要求能够清晰显现出来并成为约束，以加快广东新材料基地（园区）发展。

四、以新材料标准体系建设带动服务新业态发育发展，完善新材料产业生态圈

（一）面临的问题

标准作为技术规范的参考体系，或者作为技术间相互兼容的接口，可以让市场在效率与公平中进行交易。由于产品越来越复杂，物理产品各构成部分的整合与制造的上下游环节链接必须以主体间共同信息的联结为前提，信息具有复杂多样性的特点，建立工业技术标准后，将实现对信息的统一管理，有效减少了信息的多样性和复杂性。标准已经成为制造业中普遍的产业知识平台基础设施，深刻地影响着以技术为基础的工业经济。正如笔者之前反复强调指出的，作为中间投入产业的新材料产业的发展仅仅依靠自身的技术是远远不够的，只有某项新技术成为行业标准，能够快速被上下游企业接受、应用并实现广泛扩散，才能形成强大的创造力，产业链上下游信息传递才具有一致性，才拥有产业竞争力。当今世界，以新材料为代表的战略性新兴产业正在成为引领与支撑经济社会发展的重要力量。世界各国都高度重视新材料的开发应用，而标准则是将新材料的开发、产业化及推广应用上下游用信息知识纵向有效地联结起来，在共同知识基础平台之上展开对话并提高了沟通效率，是实现先进技术快速广泛横向扩散的重要支撑，也是规范新材料市场秩序，促进企业走向世界参与国际竞争，维护产业利益和经济安全的重要手段。建立完善新材料产业标准体系，对于提高新材料研发投入与成果转化效率，促进推广应用规模经济发挥，为引入、培育润滑产业链上下游联结的服务新业态创造条件，并能够提高专业化服务的模块化水平，加快服务知识积累速度，促进了新材料创新成果转化以及先进的新材料产品技术的应用与扩散，不断完善优化能够自我发展的产业生态圈，加快促进新材料产业的内生发展。对促进材料工业转型升级，支撑战略性新兴产业发展，保障国民经济重大工程建设和国防科技工业发展具有重要意义。

产业标准体系包括从原材料质量、生产加工工艺、产成品到售后服务的一整套内容。标准将各要素进行有序化集成整合，实现模块化生产模式并保证了互换性，推动了制造业大规模定制生产，涵盖全生命周期、全产业链、全工作流程及个性化定制、柔性化生产。完善的新材料产业标准体系，能够为下游应用厂商研究开发提供既定接口与应用知识基础，加快先进技术扩散，完善产业生态圈内容，促进实现产业内生发展。虽然工信部早在2013年就颁布了《新材料产业标准化工作三年行动计划》，随后又通过《新材料标准领航行动计划（2018—2020）》及《中国标准2035》来推动新材料标准化体系建设，但目前我国新材料产业标准体系仍以传统材料的标准为主，新材料产业标准体系尚未健全，关键标准前期研究、技术攻关相对不足，标准制定所需的工艺参数、材料性能等基础数据仍存在缺失、陈旧、滞后等问题。在新材料领域，标准的制修订速度远远落后于新材料发展速度，使得以我国技术和标准为基础的新材料国际标准尚未取得突破，被动跟踪国际标准和国外先进标准的情况比较突出，难以满足新材料国际经济技术交流合作与国内先进制造业发展的需求。在这种情况下，新材料领域构建更加完善的标准化体系的任务十分紧迫，需要尽快建立由原材料、技术工艺、技术服务和知识产权等一整套与国际标准接轨的标准化体系。在这方面，广东应该加快提升新材料产业标准的技术水平，争取若干新材料门类率先取得突破并建设健全新材料产业标准体系，以此带动新材料软件服务新业态的发育发展，加快先进新材料技术的广泛应用与扩散，不断完善优化新材料产业生态圈结构，发挥标准化在新材料技术创新中的引领作用，促进成果转化与先进技术扩散，并创造条件推进产业标准实现向国家标准的跃升，占领标准领域制高点，掌握新材料未来发展的主动权。

（二）建设工作内容

广东政府应在充分参考借鉴发达国家经验的基础上，探索以新材料创新联盟、产业联盟为标准建设突破口，选择基础雄厚条件成熟的联盟，鼓励联盟内新材料成员企业率先建立企业标准，积极开放界面接口向上下游联盟盟员公开，通过企业的标准演化和各方努力，以联盟为抓手，持续完善优化促进创新联盟、产业联盟成员的认可并作为联盟标准加以应用，加强引导，扶持扩大社会影响力，进而推动出台统一的产业标准，强化产业标准化意识，促进扩散。统一的产业标准体系和产业标准平台的建立对新材料产业的规范化、集约化发展具有重要的指导意义。目前广东新材料标准化体系仍处于发展阶段，作为标准化体系建设主体的企业参与度还不高，大部分中小企业仍缺乏主动开展标准化体系建设的意识，政府应进一步加强宣传引导，政、产、学、研、用共同发力，通过政策引导、资金扶持、设立专业的新材料标准体系服务平台等多种形式进一步引导企业，尤其是走在新材料产业前端的企业应积极参与到新材料标准化体系建设中，使体系建成后能够真正地为广东新材料产业的发展提供有力支撑和有效保障。

科研体制探索广东先试先行，作为广东战略性支柱产业、战略性新兴产业，长期以来，新材料一直是广东高校、科研院所以及近年来发展迅速的新型研发机构的重点关注领域，科技创新资源雄厚，已有较高的知识积累与人力储备，各新材料门类也拥有数量庞大的企业群体与企业研发机构。要推进实现科研机构研发与企业研发的资源共享，促进科研和标准化工作互相结合、互相促进。新材料的科技创新和专项研究成果是做好标准化工作的前提，而标准化工作又是促进新材料科技成果快速产业化的基石，在无形中引导并推动着科技的进步。因此，新材料标准的制定工作必须要与科研项目的研究同步进行，促进科研成果尤其是自主创新技术及时转化成标准，用标准指导批量生产，从而提高新材料在国民经济中的竞争力，并鼓励企业在新材料研发中不断加大投入力度。

积极对接"国家新材料生产应用示范平台""国家新材料测试评价平台""国家新材料资源共享平台"三个国家公共平台，选择条件成熟的新材料细分门类、新材料新品种，组织重点新材料研发机构、生产企业和计量测试机构建立新材料测试评价联盟，建设新材料测试评价及检测认证中心、新材料产业资源共享平台，培养高素质的专业检测团队，通过市场化运营机制，采用合作创新共赢发展模式，利用细分新材料领域的生产应用技术参数信息共享与数据、专业硬件仪器设施共享、新材料生产应用数据库、测试评价能力、互联网服务平台等，采用互联网、大数据、人工智能、云计算等技术手段来建立培育垂直化、专业化面向新材料的服务新业态，率先集中资源引导完善优化这些新材料细分门类产业生态圈结构，再逐步向其他新材料门类扩散，进而从整体上持续增强广东新材料产业服务能力。探索委托检测、委托加工或仪器设施租赁、研发服务、创业孵化服务、定制化全套方案提供业态，打造"一站式服务平台"，为新材料制造企业提供检验检测、咨询、培训、认证评价、新材料技术成熟度等级评定，以及科技成果、知识产权及核心技术转让等多元化公共服务，广泛开展各门类新材料资源共享服务、新材料生产应用服务、新材料综合性能测试评价认证服务和关键共性测试技术与能力研究，大力开展资源统筹、业务调配、测试评价、认证计量等服务，加快先进知识扩散与产业链上下游紧密联结，推进有效解决新材料产业部分测试评价环节存在测试资源分散、测试依据不一致、测试结果无法共享及应用环节比较薄弱、认证评价结果采信难等突出问题，用专业化的服务润滑推动企业使用新材料，不断完善和改进工艺并反馈问题，最终实现产业上下游协同发展"三链融通"，为推动广东新材料产业高质量发展作出贡献。

五、广东新材料产业智能制造推进行动

（一）面临的问题

智能互联时代，信息革命进程快速演进，随着移动互联网、大数据、人工智能、物联网、云计算等新一代信息技术向工业制造业领域不断渗透，一个全新的制造理念——智能制造应运而生。制造业的生产经营管理模式及运行方式发生了根本性改变，智能制造已被公认为全球工业制造业发展和转型升级的共同着力点。党的二十大报告提出，"坚持把发展经济的着力点放在实体经济上，推进新型工业化，加快建设制造强国、质量强国、航天强国、交通强国、网络强国、数字中国。实施产业基础再造工程和重大技术装备攻关工程，支持专、精、特、新企业发展，推动制造业高端化、智能化、绿色化发展"。这一要求赋予了智能制造在制造业高质量发展过程中的新使命和新作用。在广东制造业实现高质量发展的过程中，

智能制造作为新一轮科技革命核心技术经济范式，顺应全球科技进步潮流，也是贯彻落实中央经济高质量发展要求的破题之举，发展智能制造对于巩固广东实体经济根基，加快建成现代产业体系，实现新型工业化具有重要作用，是广东通过"数实融合"的方式建设制造强省的主攻方向，其发展程度直接关乎广东制造业的质量水平。而新一代信息通信技术、新材料技术的不断突破，并与先进制造技术加速融合，也为新材料制造业的高端化、智能化、绿色化发展提供了历史机遇。

广东新材料产业拥有涵盖绿色石化的化工材料、玻璃与陶瓷等的建筑材料、有色金属材料、电子信息材料与电子化学品等多个规模巨大、规上工业企业数量众多的行业，这为广东推进智能制造提供了丰富与多样化的应用场景，将对广东实现制造业高质量发展发挥重要作用。当前广东新材料产业链整体水平还不高，企业产业链、供应链协同处于较低层次，距离"智能制造"还存在不小的差距。如普遍存在的核心工艺技术、装备、关键零部件等受制于人的情况；在行业生产实践中，材料工业生产制造以传统的工业自动化系统为主导的情况并未得到根本性的改变；化工行业方面，大型工艺自动化控制系统大都须从先进国家引进，如惠州石化一期使用的DCS（分散型）控制系统来自美国福克斯波罗（FOXBRO）公司，二期使用的系统来自日本横河电机公司；建筑行业方面，加工汽车玻璃的热处理设备，加工家电和电子玻璃所需的切割、贴膜设备等主要从日本、德国、意大利和韩国进口；有色金属行业方面，铝、铜、铅、锌和稀土冶炼加工用的大型、高精度熔炼设备、挤压设备、烧结设备和高端检测计量仪器部分需从欧洲、日本和美国进口。与此同时，由于大部分先进材料行业属于"两高"（高污染、高耗能）行业，能耗需求高、中低端产品产能过剩，造成行业企业和相关项目尤其是化工、钢铁等行业重大项目受产能产量、能耗要求等政策的影响较大。而新材料产业绿色制造体系不健全，"三废"综合处置管理体系不完善，主要产品平均能耗和固废资源综合利用质量与发达国家相比也存在较大的差距。因此，推进实施智能制造也是广东新材料产业自身实现转型升级高质量发展的必然要求。

（二）推进思路与框架路径

广东新材料产业涵盖门类广泛丰富，各门类材料产品技术、工艺流程、产线设备、工序环节以及产业链、供应链特征等各不相同,智能制造个性化定制特征明显,因此并不存在放之四海而皆准、普遍适用的新材料智能制造解决技术方案,但推进新材料智能制造需要贯穿新一代信息技术与先进制造技术、制造全过程全要素深度融合这条主线,依据不同的应用场景设计分类,深入实施新材料产业智能制造工程,并以此为基点着力带动新材料企业创新能力、供给能力、支撑能力和应用水平的提升。

新材料智能制造的基本路径需要紧密依托各制造单元、车间、工厂、供应链等载体,集成并带动移动互联网、大数据、人工智能、物联网、云计算等新一代信息技术在广东新材料制造领域的全面渗透,根据不同应用场景着力打造定制化的系统解决方案。鼓励智能制造系统解决方案供应商与用户加强供需互动,联合创新,推进工艺、装备、软件、网络的系统集成和深度融合,开发面向典型场景和细分行业的解决方案,以此推进广东新材料各门类重点产品制造技术的突破和流程工艺的创新,推行精益管理和业务流程再造,实现泛在感知、数据贯通、集成互联、人机协作和分析优化,建设智能场景、智能车间和智能工厂,构建虚实融合、知识驱动、动态优化、安全高效、绿色低碳的新材料智能制造系统,加快完善新材料智能制造发展生态,以此推动广东新材料制造业实现数字化转型、网络化协同、智能化变革。

(三) 解决方案

深刻理解把控广东新材料产业重点行业领域推进智能制造的差异化需求。电子信息材料领域,要重点满足提高生产效率和产品良率,缩短研制周期等需要,以推进电子产品专用智能制造装备与自动化装配线的集成应用,开发智能检测设备与产品一体化测试平台,建设智能物流配送系统,优化生产经营决策系统为重点。先进材料领域,重点满足安全生产、节能降耗减碳、提质降本等需要,以实施大集团统一管理下的多基地协同制造,探索人工智能技术应用,实现工艺流程优化、工序动态协同、资源高效配置和智慧决策支持,实施大型制造设备健康监测和远程运维,保证流程安全运行,打造全生命周期数据共享平台,实现全产业链优化,支持供应链协同和用户交互平台建设,发展大规模定制,促进全产业链解决方案服务平台建设为重点。

以典型新材料智能工厂建设为推动新材料智能制造发展的发力点与着力点,以重点行业领域典型工厂运营管理智能化为突破口,以个性化、定制化的系统解决方案供应商培育为切入点,推动规范发展,为新材料产业发展提供专业化、高水平、一站式的集成服务。立足制造本质,紧扣智能特征,以新材料工艺、装备为核心,以数据为基础,加强关键核心技术攻关,聚焦设计、生产、管理、服务等新材料流程工艺制造全过程,突破设计仿真、混合建模、协同优化等基础技术,致力于智能感知、人机协作、供应链协同等共性技术攻关。加速系统集成技术开发,面向装备、单元、车间、工厂等制造载体,构建制造装备、生产过程相关的数据字典和信息模型,开发生产过程通用的数据集成和跨平台跨领域的业务互联技术。面向产业链、供应链,开发跨企业多源信息交互和全链条协同优化技术。面向制造全过程,突破智能制造系统规划设计、建模仿真、分析优化等技术。聚焦中小微企业的特点和需求,开发轻量化、易维护、低成本的解决方案。

六、新材料产业促进政策的实施,树典型、试点标杆与示范推广行动

(一) 面临的问题

从整体来看,广东新材料产业各门类先进、一般、滞后三种发展状态并存。新材料产业在珠三角核心区与粤东、西、北地区的分布,战略性支柱、战略性新兴产业与传统产业应用行业的分布,以及技术智力密集、资本密集与劳动密集等各类型企业的发展分布极不均衡。由于广东新材料产业既存在"下游需要的上游做不出来""上游能做出来但下游不敢用"等产业链上下游投入—产出的衔接问题,也面临关键技术装备受制于人、制造工艺标准/流程可靠性/品控基础不统一、新材料个性定制化生产新业态模式推广尚未起步、材料—元器件—产品一体化开发进展缓慢等突出问题。在中美贸易战长期化与全球供应链重整,关键材料与中间件"卡脖子"愈演愈烈的背景下,作为一项必须长期坚持的战略任务,推动广东新

材料产业发展转型升级所面临的环境更复杂，形势更严峻，任务更艰巨。

新材料产业门类繁多，技术发展特征各不相同。在广东均有发育的新材料各门类中，发展水平与发展基础均存在巨大的发展差异，所涉及的企业类型与实力、外向与内向市场特征与规模、技术知识积累、人力资源储备、所在基地（园区）资本实力等也千差万别。因此，并不存在一个普适的新材料各门类发展的标准模式。现实中，同一问题在不同新材料门类中可能有不同的表现，而适合解决某一新材料门类发展问题的做法和方式，可能由于既定的环境条件与基础不同，在实践中也并不一定适合新材料的其他门类，还需要进行相应改变与迂回。基于这种考虑，在承认差异与发展个性化特征的基础上，要坚持做调查研究，不搞"一刀切"，将新材料转型升级的基本要求与广东新材料各门类产业链的具体实际相结合，选择具有标本典型意义的对象，率先开展示范试点专项行动，遵循边试点示范、边总结经验、边推广应用的总体安排，科学探索，发现问题，解决问题，探寻全面提高的思路与路径。

（二）怎样开展

发挥"示范试点，应用推广"这一中国特色，按照"立足实际、统筹规划、分类施策、分步实施、稳妥推进"的方针，以试点示范"点式突破"树立典型，以点带线带动"线式推进"，再由线到面带动"全面提高"共同发展的思路，"大胆假设，小心求证"，勇于进取开拓，逐步扩散到更多适用的行业门类及区域，最终实现全面提升。根据示范试点、应用推广的要求，将要实施的"广东关键战略新材料供应链替代、转移与供应安全保障行动""广东新材料创新联盟与产业联盟建设行动""广东新材料基地（园区）二级园区管理体制机制完善""广东新材料产业标准体系建设""广东新材料智能制造工程"五个行动结合起来，同步推进试点示范，按照典型性高、影响力大、能动性强、带动面广的标准，根据轻重缓急的原则，针对不同情况及其具有的代表性，精心选择示范试点内容与对象，激发新材料企业及其涉及的各组织机构的能动性与积极性，注重发挥广东政府部门资源配置与先试先行的制度优势，致力于率先突破涉及产业安全的关键战略材料"卡脖子"技术，注重长期能力基础与环境培育，培育一个成功一个,树立标杆与典型,不断总结实践有效的经验和模式,发挥创造力,逐步发展与深化制度创新,集中各方面的力量、资源,重点突破,少走弯路,提高投入效率,为成功经验和模式的全面推广提供参考与借鉴。

(三) 展开示范试点

就近期来看,笔者建议先在关键战略新材料供应链替代、转移与供应链安全保障方面进行试点示范,在高新区开展二级园区新材料基地(园区)管理体制重构示范试点。

关键战略新材料供应链替代、转移与供应链安全保障,更偏重于解决新一代电子信息、半导体与集成电路、高端装备、机器人、物联网等供应链全球布局问题;在离散集成型智能制造领域中,要解决已具有国际声誉的广东龙头企业全球供应链在中美、中欧贸易摩擦下的"卡脖子"问题。由于不同企业面对的"卡脖子"问题表现内容千差万别,所要克服的困难也不一样,解决问题的能力基础与配套支撑彼此差别也很大,因此解决问题的思路与路径各不相同。基于这种考虑,应采取先难后易的方针,率先在社会影响大、产业涉及面广的"新材料—元器件"领域以"揭榜挂帅"的方式集全省/全国之力开展试点。以明确的问题导向,加强对试点龙头企业攻克"卡脖子"问题所提出的战略设想与路径进行可行性论证,组织产业链各个环节的精干力量,发挥广东政府部门的组织与协调作用,加强政府资源的援助与精准投入,集中支持。成熟一个,示范试点一个;成功一个,树立一个成功标杆。建立信心,以"难"的突破带动"易"的突破,再逐步广泛扩散,全面提升广东龙头企业供应链安全保障。

广东新材料基地(园区)二级园区地域分布广泛,彼此发展水平差距较大,所在一级园区赋予的行政权限与管理体制框架各不相同,例如国家级、省级高新区与产业转移园的管理体制框架差别明显。在此背景下,作为"二级园区"的新材料基地(园区),管理体制机制完善示范试点会表现出比较强烈的个性化与地域特色。由于长期发展所形成的,分布于广东各地的国家级、省级高新区普遍都被定位为地方产业发展的先导区,也是地方政策、体制机制创新发生频率最高的区域,本身就承担了广东"政策创新""先试先行"试验田、示范区的历史使命。结合《广东省人民政府关于促进高新技术产业开发区高质量发展的意见》(粤府〔2019〕28号)的要求,示范试点可以考虑与深化高新区体制改革要求相结合,在发展水平最高的珠三角9个国家级高新区,后来挂牌的5个国家级高新区,发展水平一般的26个(2020年12月数据)省级高新区中,充分考虑各高新区实际情况与参与试点的积极性,选择发展水平不同,已设有二级园区新材料基地(园区)的典型国家级、省级高新区开展试点。加强不同新材料基地(园区)管理部门如发改委、工信委与高新区主管科技部门的顶层协调,率先在广东高新区体制框架中理顺作为"二级园区"新材料基地(园区)的管理体制与机制,明晰广东新材料产业基地(园区)作为"二级园区"的建设要求,定量与定性相结合,加强年度考核,以持续提升广东新材料产业基地(园区)的建设水平,为新时期广东先进材料集群、前沿材料集群建设提供高水平集群式发展空间载体。积累一定的建设经验后,再向各地经济开发区、产业转移园推广,实现新材料产业的全面提升。

第八章 广东新材料产业发展保障措施与政策建议

一、加强对广东新材料产业发展的组织与指导，建议设立广东新材料产业发展专家委员会

面对正急剧变化的"逆全球化"长期化的新形势，为提高广东战略支柱产业、战略性新兴产业短期供应链供给预警与反应能力，增强为构建自主型产业链对关键材料与中间件需求响应的能力，广东要科学设计突破战略支柱产业、战略性新兴产业发展所面临的日益严峻的关键战略新材料、核心元器件"卡脖子"问题的途径，加强对广东经济安全与产业安全的保障与行动应对，突出对广东全省新材料产业发展工作的智力支持和专业指导，统筹规划，提前布局，科学决策，为促进广东新材料产业平稳发展、做大做强保驾护航，当前要充分发挥新材料产业领域的专家对广东省新材料发展的智力支持与决策顾问作用。

笔者建议，广东省政府发起设立省一级的"广东新材料产业发展专家委员会"，专家委员会的定位是广东省政府决策服务的咨询机构，作为紧密联系新材料领域最高层级的科技和工程人员的机构，成员应包括广东省乃至国内新材料学术界与产业界的领军人物，充分发挥他们的智力支持作用，为广东新材料产业的发展把脉问诊，提供前瞻性、高水平的决策咨询和技术支撑，广东新材料产业发展提供全方位的服务。委员会以"协助制定方向，但不管具体项目"的原则开展工作，主要任务是承担广东新材料产业发展方面的战略咨询工作，协助省直属部门如工信委、科技厅、发改委等主管部门，参与制定广东新材料产业发展中长期规划、新材料科技创新规划，组织开展关键战略新材料供应链"卡脖子"问题预警与应急方案设计论证，跟踪国际国内新材料领域发展态势，承担对广东新材料发展方向与技术路线技术指导工作，定期组织"新材料产业领域"的基础理论、重大政策、前沿技术等课题研究，指导各地新材料基地（园区）发展工

作，以及广泛联系港澳以及国外专家参与到为广东新材料产业发展"出主意""想办法"等智力支持工作之中，以提升广东新材料产业政府管理的科学性。

健全广东新材料产业发展省级部门间工作协调机制，理清省直属部门如发改委、工信委、科技厅等在对新材料研发创新、技术改造、新材料基地（园区）发展管理指导、新材料骨干企业（高新技术企业、制造业单项冠军、专精特新"小巨人"）认定管理、新材料创新基础设施与产业基础设施建设完善与功能提升、新材料成果产业化项目与技改项目等工作的职权范围，聚焦需要解决的问题，明晰各自的管理对象。笔者建议，按创新链一体化与新材料产业上下游联动原则，重新审视各部门的职责划分与管理内容，将碎片化和片段化的部门管理、项目管理、基地（园区）管理联结起来，从新材料创新链、产业链的整体角度加强部门间管理协同，针对特定对象加强部门间信息沟通，解决政出多门、重复扶持与扶持不足并存，锦上添花者多、雪中送炭者少、旱涝不均、内耗严重的问题，针对新材料创新链一体化与产业链上下游联动的实际需求，瞄准关键环节，精简冗余无效管理，集中资源精准靶向扶持，做实做细监督考核程序，加强发改委、工信委、科技厅等部门与地方（园区）在新材料产业发展上的联动与协同，体现中国制度的优势，树立广东先试先行的制度自信，形成能够整合政府各部门力量的机制，提高新材料产业政策实施的执行力，将所出台的政策实实在在地作用于广东新材料骨干企业培育、关键瓶颈突破上，科学重整广东省级层面对新材料产业的指导与管理的顶层设计。

二、建议设立双层广东新材料政府产业基金，加强对新材料产业发展政府引导资金的投入

整合现有广东省财政促进战略性新兴产业发展的专项资金，积极对接与争取国家层面的制造业转型升级基金、半导体集成电路二期基金的支持。针对当前的形势，笔者建议在省级战略性新兴产业发展专项基金下设立二级广东新材料政府产业引导基金，以突显当前新材料产业的战略地位，加强对广东新材料产业发展投入的保障。

二级产业发展引导基金通过创新政府资金扶持方式，发挥政府资金的引导、放大和承接作用，加大对新材料科技攻关项目、新材料创新与产业基础设施平台、新材料骨干企业、新材料专精特新企业、新材料基地（园区）建设的引导与支持。在项目支持上，做到短期问题的解决（广东战略支柱龙头企业供应链面临的"卡脖子"问题）与长期需求（新材料创新联盟与产业联盟建设与发育）相结合，保障广东的经济安全与产业安全，要加强对关键战略新材料的科技攻关，确保新材料—中间件供应链的安全，政府要加大对供应链替代、转移的援助扶持，以及对广东新材料长期能力建设创新联盟与产业联盟的推动与扶持。切实发挥引领作用，在广东新材料重点领域和薄弱环节带动与延伸国家开发性、政策性金融机构对广东新材料重大项目、重大技术推广和重大装备应用的融资支持；要加强立项论证，针对牵涉面广、影响力大的重点项目，要集中全省优势资源，积极争取与国家有关部委的衔接，整合国家与省政府引导资金的投入，鼓励和聚合社会资本、金融资本投入支持。省级新材料政府产业基金要加大对各地新材料产业基地（园区）建设的引导与支持，将新材料创新联盟与产业联盟、新材料创新与产业基础设施平台的完善，新材料骨干企业（高新技术企业）的培育工作等统领起来，打造广东新材料基地（园区）"双头雁形"发展布局，支持广东新材料产业基地（园区）成为粤港澳大湾区新材料产业发展的研发高地、人才高地，新材料全球创新网络亚太中心枢纽，新材料创业摇篮与优秀新材料企业成长高地。

鼓励设立新材料基地（园区），具有市一级独立预算权的国家或省级高新区、产业转移园，或所在地方的市级财政，在地方市一级战略性新兴产业发展专项资金中设立二级地方新材料产业发展专项资金，配合省政府促进广东制造业转型升级，以及满足广东高新技术产业开发区高质量发展需求，采取必要措施调动所在地方对新材料基地（园区）投入的积极性，以加快广东新材料基地（园区）创新载体与产业基础设施建设，加强对新材料首批次认定、应用奖励和首批次应用保险补偿的财政资金支持力度，为国家或省级新材料项目的地方资金配套、基地（园区）新材料骨干企业的培育、新材料创业孵化等项目提供支持，形成国家、省、市三级整体协力，打造广东新材料基地（园区）建设与创新的长效资金投入机制，支持新材料基地（园区）率先建设成为广东创新驱动发展示范区。

三、完善广东新材料中小企业金融支持体系，加大广东新材料中小企业金融支持力度

广东新材料产业中，民营所有制企业所占比重较大，与此同时，相较于全国其他省份，中小企业数量较多，企业效益也好于国有大型企业，这在新材料概念上市公司样本中已有所反映。这表明在全国范围内来看，广东新材料产业所表现出的民营中小企业主体特征更为突出，已成为企业家精神的重要载体，民营中小企业成了广东新材料产业发展的基础主体与支撑力量。党的二十大报告提出了"毫不动摇巩固和发展公有制经济，毫不动摇鼓励、支持、引导非公有制经济发展，充分发挥市场在资源配置中的决定性作用""优化民营企业发展环境，促进民营经济发展壮大，弘扬企业家精神，支持中小微企业发展"的要求，更是从政策和舆论环境上将鼓励支持民营经济和民营企业发展壮大上升到了国家意志层面。

从广东新材料概念上市公司的数据所揭示的情形及民营中小企业群体经营面临的困难与问题来看，广东新材料产业在依靠自给资本积累、净资产支持的间接融资能力与股权支持的直接融资能力所构成的自身投资发展能力有所不足。因此，金融支持对广东新材料产业的发展具有更加重要的意义。当前支持广东新材料产业发展的金融体系优势与劣势同样明显，投资规模与资金需求总量不匹配，投资区域不平衡，在全国范围内其表现也弱于浙江、江苏、山东、北京等新材料头部省份，这与广东所处的粤港澳大湾区发达的海外金融与民营金融地位完全不匹配。完善广东新材料民营中小企业金融支持体系，加强对广东新材料民营中小企业金融支持变得十分紧迫，这也是广东贯彻落实提高民营企业发展预期，增强民营企业对政府政策的信心，落实发展壮大民营经济的中央二十大会议精神，加快推进广东制造业高质量发展的重要体现。

要加快完善全覆盖多层次的资本市场和投融资体系，并鼓励该体系由珠三角核心区向广东粤东、西、北腹地延伸，大力推进金融创新与基金投资创新。健全科技金融风险分担机制，大力发展以新材料"首投""首

贷""首保"为重点的多渠道科技投融资体系，这包括搭建银企合作平台，放大广东新材料产业间接融资体量，支持新材料企业通过研发、生产线设备的融资租赁、信用贷款、知识产权质押贷款、信保融资等方式加快发展，鼓励符合条件的企业通过发行企业债、公司债、短期融资券、中期票据等实现直接融资。积极探索运用多种金融创新与金融衍生工具，拓宽广东新材料民营中小企业的直接融资渠道，助推企业做大做强，放大新材料产业投融资规模体量。要充分发挥国家、广东省、地级市三级政府投资基金引导带动作用，重点关注对新材料种子期、初创期企业的领投、跟投，创造条件鼓励和引导珠三角社会资本、产业资本、金融资本组成银团或杂交基金参与新材料项目投资。充分利用香港、广州、深圳等粤港澳大湾区国际金融中心城市与银行、证券等金融机构，以及公募基金、私募基金、金融信托的区域集聚优势，大力鼓励发展天使投资和创业投资，鼓励金融机构针对新材料产业特点开发创新金融产品和服务，为广东民营中小企业尤其是科技型初创企业拓展股权融资渠道，加快国内外先进新材料科技成果的本土转化与发展壮大。进一步加强对广东新材料企业上市辅导服务，支持有条件的广东新材料企业到主板、创业板或"新三板"上市融资。

四、完善广东新材料产业政策体系，先试先行，加大新材料产业政策创新支持力度

面对错综复杂的国际国内新形势与粤港澳大湾区新材料产业全球创新中心建设新要求，广东新材料产业政策创新要深入贯彻习近平新时代中国特色社会主义思想和党的二十大会议精神，深入贯彻习近平总书记对广东重要讲话和重要指示批示精神，深入实施创新驱动发展战略。在扩大、深化对外开放中坚持解放思想、先试先行，更加积极主动地将广东省委、省政府所出台的促进广东区域经济高质量发展，构建广东现代化经济体系，建设粤港澳大湾区战略性新兴产业全球创新中心，制造业当家与制造业高质量发展的一系列科技政策、产业政策与财政税收政策落实运用到广东新材料产业政策体系的完善实践中。

重点强化政府财政体制引导，加强对广东新材料基地（园区）建设、

新材料供应链安全保障、新材料骨干企业培育成长、新材料创新链与产业链上下游联动协同的资金投入扶持，明确广东政府财政对新材料科技项目、产业（技改）项目，新材料企业研发机构与创新平台建设、能力建设项目的扶持重点，区域投入扶持重点，促进广东新材料产业发展新旧动能转换和产业转型升级。统筹利用各级各类财政资金，加大投入、集中攻关、合力突破，支持首投世界级领先前沿新材料项目和技术。落实新材料高新技术企业税收优惠、研发费用加计扣除、固定资产加速折旧及企业研发投入后补助等财税优惠政策。完善和落实新材料制造、元器件加工首台（套）重大技术装备等鼓励政策，健全研制、使用单位在产品创新、增值服务和示范应用等环节的激励约束机制。重点发挥新材料产业发展中地方政府基地（园区）资金的投入引导作用，灵活探索多种建设模式，通过引导资金注资和市场化募集，吸引和撬动社会资本、金融资本加大投入。完善新材料首批次应用保险补偿机制，降低下游用户使用风险，促进新材料市场培育。

针对广东新材料产业中产值过百亿元的大型企业数量不多、大规模企业经济效益上不去、中小微企业数量众多的产业发展现状，将广东新材料科技政策、中小企业政策与新材料区域布局政策结合起来，培育一批具有国际竞争力的领军企业、单项冠军和隐形冠军企业。在当前制造业投资低迷、环保要求又不断提高的背景下，更加扎实地贯彻落实政府出台的促进中小企业发展政策，深化行政审批制度改革，加大税费清理力度，切实减轻当前广东新材料中小企业负担。要以各地市新材料基地（园区）建设为抓手，着力建立健全基地（园区）新材料中小微企业投融资服务体系与新材料创业服务体系，在融资担保、资金扶持、辅导培训、企业减负、创业服务等方面给予重点倾斜，定期开展基地（园区）高成长板（创业板、新三板、独角兽）新材料后备企业遴选，创新融资服务机制，实施省市两级重点培育的新材料后备骨干企业目录清单管理，集中力量给予支持，促进广东新材料后备骨干企业群体不断扩大。完善新材料产业生态链，推动广东大中小型企业共同创新发展，鼓励支持新材料中小微企业与上下游大企业协作配套发展。

五、在粤港澳大湾区扩大与深化对外开放的新形势下激发新材料产业科技资源创新活力

随着中美贸易战的持续，美国对自身奉行的单边主义的重要工具——"长臂管辖"——的使用也越来越成为常态，双方的贸易摩擦也从美国对全球供应链的出口管制转向对科技人员交流、技术转移的管控，"科技冷战"已露端倪，严峻的形势对中国在稳定的全球化背景下形成的技术进步轨道产生了极大的冲击。这表明在发达国家主导控制的产业技术标准体系内，以往运作良好的片段式技术进步再辅之以全球采购运营的供应链经营模式，以及以"引进、外包"为基础建构产业自身技术体系的发展模式已难以为继，过深的产业外包"知识依赖"面临越来越大的发展安全风险，在此背景下，广东需要探索新的产业技术进步逻辑，缓解外包"知识依赖"程度，建构起具有自身话语权的产业技术标准体系，将在片段化技术上的优势转换为整体技术体系的掌控力。在这股变革力量的倒逼之下，在与长期稳定的全球化背景下形成的产业技术进步模式相匹配的产业创新生态，以及与这种创新生态发展相配合的技术政策、人才引智政策乃至企业出海政策以及产业科技资源内外部配置都需要重整再构，才能形成与广东经济发展新技术进步逻辑与轨迹相匹配的新的科技资源配置。

针对错综复杂的国际国内形势，推进粤港澳大湾区建设，是新时代推动形成全面开放新格局的新举措，也是推动"一国两制"事业发展的新实践，根据《粤港澳大湾区发展规划纲要》，粤港澳大湾区要建成国际科创新中心、"一带一路"建设的重要支撑、内地与港澳深度合作示范区。随着国家大科学装置相继落地大湾区，光明科学城、南沙科学城、中新知识城等一大批科技创新平台不断涌现，9大国家级高新区集聚了湾区内近四成的国家高新技术企业。在构建广深港、广珠澳科技创新走廊的区域战略引导下，将"广深港科研尖峰+智造重镇技术转化"的区域科创共同体持续做深做实。这种背景下，笔者建议重新以新的视角来审视现有新材料产业科技资源配置情况，在理念上明确新材料产业科技资源配置转换的必要性、紧迫性及转换方向，深化对科技资源发展顶层设计方面的研究，为政府决策提供支持；淘汰已明显不适应形势的科技资源发展政策，出台并

实施与新技术进步适配的产业发展政策，进而推进实现技术转换，并在扩大和深化对外开放的过程中形成新的利用外部新材料科技资源的方式，推动加快形成流动自由、从业便捷、活力迸发、发展全面的科技创新环境，涵养近者悦远者来的人才生态，吸引全球科学家汇聚粤港澳大湾区，为广东的产业自主创新路径提供支持与支撑。

要在寻求广东新的产业技术进步逻辑，建构自身具有话语权的产业技术标准体系目标下激发广东新材料产业科技资源创新活力，在方向上在科技资源配置上要克服孤立游离的新材料产业发展观念，探索打破现有行政区划的限制，聚焦关键战略新材料领域，以湾区聚合之力参与全球科技创新合作与竞争，形成全链条的创新攻关、全生态开放的技术数据共享、联盟式的"拼船出海"，实现关键领域全生态链、全产业链湾区布局，共同突围"卡脖子"问题。要树立起新材料产业科技资源与上下游产业间科技资源融合联动一体化发展的理念，打通不同产业环节间科技资源的隔离与壁垒，加快新材料科技资源与下游元器件、模块、设备产业科技资源的融合与再造，推进实现产业链各环节间科技资源链接、联动与协同，在协同中优化科技资源配置。由于不同产业的产业链环节资源千差万别，科技资源能动性也各不相同，因此终端产业、新材料—元器件、模块中间件产业链科技资源配置也各有特点，既能体现出围绕特定目标的资源配置，也能提升科技资源配置的转换柔性，以增强新材料科技资源要素对产业技术体系的整体支撑能力。

当前中美"科技冷战"已摆上台面，多个中企概念美股退市，要继续扩大与深化对外开放，深度挖掘并形成新的"不求所有，但求所用，不求所在，但求所为"的外部科技资源使用思路，主动梳理近年来出台的吸引海外人才回流的人才计划，及企业海外并购与研发机构设立、海外上市促进计划等政策措施，删减其中容易引起争端的条款，以增强对新材料科技资源的控制力为基本原则，这意味着要更加重视并发挥新材料产业存量科技资源的主动性、能动性与创造性。

附录

附录 1-1

先进材料产业集群重点企业（145 家）

序号	企业名称
一、龙头骨干企业（29 家）	
1	中国石油化工股份有限公司茂名分公司
2	中国石油化工股份有限公司广州分公司
3	中科（广东）炼化有限公司
4	中海油惠州石化有限公司
5	中海壳牌石油化工有限公司
6	中国石油天然气股份有限公司广东石化分公司
7	金发科技股份有限公司
8	巴斯夫一体化基地（广东）有限公司
9	埃克森美孚（惠州）化工有限公司
10	华润水泥（封开）有限公司
11	广东塔牌集团股份有限公司
12	中国南玻集团股份有限公司
13	信义玻璃（东莞）有限公司
14	蒙娜丽莎集团股份有限公司
15	广东新明珠陶瓷集团有限公司
16	广东东鹏控股股份有限公司
17	马可波罗控股股份有限公司
18	广东华鸿铜业有限公司
19	广东兴发铝业有限公司

续上表

序号	企业名称
20	佛山市三水凤铝铝业有限公司
21	深圳市中金岭南有色金属股份有限公司
22	广晟有色金属股份有限公司
23	广州建丰五矿稀土有限公司
24	宝钢湛江钢铁有限公司
25	宝武集团广东韶关钢铁有限公司
26	鞍钢联众（广州）不锈钢有限公司
27	广东广青金属科技有限公司
28	阳春新钢铁有限责任公司
29	广东金晟兰冶金科技有限公司
二、国家制造业单项冠军企业（23家）	
1	潮州三环（集团）股份有限公司
2	深南电路股份有限公司
3	深圳市精诚达电路科技股份有限公司
4	中国南玻集团股份有限公司
5	佛山市三水凤铝铝业有限公司
6	鹏鼎控股（深圳）股份有限公司
7	广东兴发铝业有限公司
8	广东联塑科技实业有限公司
9	深圳市新星轻合金材料股份有限公司
10	金发科技股份有限公司
11	广东坚美铝型材厂（集团）有限公司
12	广东生益科技股份有限公司
13	深圳市容大感光科技股份有限公司
14	广东风华高新科技股份有限公司
15	深圳新宙邦科技股份有限公司
16	广州鹿山新材料股份有限公司
17	广东银洋环保新材料有限公司
18	广东普拉迪科技股份有限公司

续上表

序号	企业名称
19	广州市白云化工实业有限公司
20	广东新合铝业新兴有限公司
21	东莞宜安科技股份有限公司
22	深圳市铂科新材料股份有限公司
23	中建钢构工程有限公司

三、国家级专精特新"小巨人"企业（93家）

序号	企业名称
1	广州方邦电子股份有限公司
2	汕头市贝斯特科技有限公司
3	广东先导先进材料股份有限公司
4	揭阳市宏光镀膜玻璃有限公司
5	深圳市骏鼎达新材料股份有限公司
6	深圳市容大感光科技股份有限公司
7	广州孚达保温隔热材料有限公司
8	广东建盛高新材料有限公司
9	珠海天威新材料股份有限公司
10	广东欣涛新材料科技股份有限公司
11	广东精迅里亚特种线材有限公司
12	广东衡光新材料科技有限公司
13	惠州市登高达电业有限公司
14	广东科隆智谷新材料股份有限公司
15	惠东嘉华材料有限公司
16	广东红墙新材料股份有限公司
17	东莞欧德雅装饰材料有限公司
18	广东铭利达科技有限公司
19	广东思泉新材料股份有限公司
20	东莞市冬驭新材料股份有限公司
21	东莞市浩彩油墨科技有限公司
22	东莞金坤新材料股份有限公司
23	深圳市铂科新材料股份有限公司

续上表

序号	企业名称
24	呈和科技股份有限公司
25	聚胶新材料股份有限公司
26	广州新莱福新材料股份有限公司
27	广东南缆电缆有限公司
28	广州泽亨实业有限公司
29	广州先艺电子科技有限公司
30	广州海天塑胶有限公司
31	广州仕天材料科技有限公司
32	珠海恩捷新材料科技有限公司
33	广东美联新材料股份有限公司
34	广东天安新材料股份有限公司
35	广东阿格蕾雅光电材料有限公司
36	广东世创金属科技股份有限公司
37	佛山市诺普材料科技有限公司
38	广东银洋环保新材料有限公司
39	广东顺德顺炎新材料股份有限公司
40	广东欧莱高新材料股份有限公司
41	新丰博兴聚合材料有限公司
42	东莞长联新材料科技股份有限公司
43	东莞市雄林新材料科技股份有限公司
44	东莞澳中新材料科技股份有限公司
45	广东普赛达密封粘胶有限公司
46	东莞市德聚胶接技术有限公司
47	东莞市逸昊金属材料科技有限公司
48	广东中德电缆有限公司
49	广东炜田环保新材料股份有限公司
50	广东安拓普聚合物科技有限公司
51	江门市鑫辉密封科技有限公司
52	广东国华新材料科技股份有限公司

续上表

序号	企业名称
53	广东皓明有机硅材料有限公司
54	广东泛瑞新材料有限公司
55	广东天诚密封件股份有限公司
56	深圳市板明科技股份有限公司
57	深圳市天熙科技开发有限公司
58	深圳鑫宝通材料科技有限公司
59	深圳飞扬骏研新材料股份有限公司
60	深圳中凝科技有限公司
61	中成空间（深圳）智能技术有限公司
62	广东广铝铝型材有限公司
63	广州市晶华精密光学股份有限公司
64	珠海展辰新材料股份有限公司
65	汕头市俊国机电科技有限公司
66	广东高而美制冷设备有限公司
67	广东创兴精密制造股份有限公司
68	华运通达（广东）道路科技有限公司
69	三晃树脂（佛山）有限公司
70	广东金鸿泰化工新材料有限公司
71	新丰杰力电工材料有限公司
72	惠州仁信新材料股份有限公司
73	惠州市华泓新材料股份有限公司
74	安费诺奥罗拉科技（惠州）有限公司
75	广东中塑新材料股份有限公司
76	东莞市南炬高分子材料有限公司
77	广东信力科技股份有限公司
78	东莞市民兴电缆有限公司
79	东莞市众一新材料科技有限公司
80	东莞普瑞得五金塑胶制品有限公司
81	中山新高电子材料股份有限公司

续上表

序号	企业名称
82	广东盈通新材料有限公司
83	广东道生科技股份有限公司
84	广东优巨先进新材料股份有限公司
85	松田电工（台山）有限公司
86	广东希必达新材料科技有限公司
87	同宇新材料（广东）股份有限公司
88	广东聚石化学股份有限公司
89	稀美资源（广东）有限公司
90	深圳市贝加电子材料有限公司
91	深圳市兴业卓辉实业有限公司
92	深圳市百事达卓越科技股份有限公司
93	深圳市高仁电子新材料有限公司

附录 1-2

先进材料产业集群国家级创新资源（35 家）

序号	创新资源类型	名称	城市	依托单位名称
1	国家重点实验室	光电材料与技术国家重点实验室	广州	中山大学
2	国家重点实验室	发光材料与器件国家重点实验室	广州	华南理工大学
3	国家重点实验室	稀有金属分离与综合利用国家重点实验室	广州	广东省科学院
4	国家重点实验室	超材料电磁调制技术国家重点实验室	深圳	深圳光启高等理工研究院
5	国家重点实验室	新型电子元器件关键材料与工艺国家重点实验室	肇庆	广东风华高新科技股份有限公司
6	国家重点实验室	废旧塑料资源高效开发及高质利用国家重点实验室	广州	金发科技股份有限公司
7	国家工程实验室	半导体照明材料及器件国家地方联合工程实验室（共建）	广州	中山大学
8	国家工程实验室	AMOLED 工艺技术国家工程实验室（共建）	广州	中山大学
9	国家工程实验室	现代材料表面工程技术国家工程实验室	广州	广东省科学院
10	国家工程实验室	塑料改性与加工国家工程实验室	广州	金发科技股份有限公司
11	国家工程研究中心	聚合物新型成型装备国家工程研究中心	广州	华南理工大学
12	国家工程研究中心	高性能金属耐磨材料技术国家地方联合工程研究中心	广州	暨南大学
13	国家工程技术研究中心	国家金属材料近净成形工程技术研究中心	广州	华南理工大学

续上表

序号	创新资源类型	名称	城市	依托单位名称
14	国家工程技术研究中心	国家人体组织功能重建工程技术研究中心	广州	华南理工大学
15	国家工程技术研究中心	国家钛及稀有金属粉末冶金工程技术研究中心	广州	广东省科学院
16	国家技术创新示范企业	深圳市嘉达高科产业发展有限公司	深圳	深圳市嘉达高科产业发展有限公司
17	国家技术创新示范企业	广东东阳光铝业股份有限公司	韶关	广东东阳光铝业股份有限公司
18	国家技术创新示范企业	潮州三环（集团）股份有限公司	潮州	潮州三环（集团）股份有限公司
19	国家技术创新示范企业	佛山市日丰企业有限公司	佛山	佛山市日丰企业有限公司
20	国家技术创新示范企业	广东坚美铝型材厂（集团）有限公司	佛山	广东坚美铝型材厂（集团）有限公司
21	国家技术创新示范企业	广东兴发铝业有限公司	佛山	广东兴发铝业有限公司
22	国家技术创新示范企业	广东光华科技股份有限公司	汕头	广东光华科技股份有限公司
23	国家技术创新示范企业	广东嘉元科技股份有限公司	梅州	广东嘉元科技股份有限公司
24	国家技术创新示范企业	广州市白云化工实业有限公司	广州	广州市白云化工实业有限公司
25	国家级企业技术中心	深圳市中金岭南有色金属股份有限公司技术中心	深圳	深圳市中金岭南有色金属股份有限公司
26	国家级企业技术中心	蒙娜丽莎集团股份有限公司技术中心	佛山	蒙娜丽莎集团股份有限公司
27	国家级企业技术中心	广东凤铝铝业有限公司技术中心	佛山	广东凤铝铝业有限公司

续上表

序号	创新资源类型	名称	城市	依托单位名称
28	国家级企业技术中心	广东坚美铝型材厂（集团）有限公司技术中心	佛山	广东坚美铝型材厂（集团）有限公司
29	国家级企业技术中心	日丰企业集团有限公司技术中心	佛山	日丰企业集团有限公司
30	国家级企业技术中心	广东兴发铝业有限公司技术中心	佛山	广东兴发铝业有限公司
31	国家级企业技术中心	广东联塑科技实业有限公司技术中心	佛山	广东联塑科技实业有限公司
32	国家级企业技术中心	广东东阳光科技控股股份有限公司技术中心	韶关	广东东阳光科技控股股份有限公司
33	国家级企业技术中心	广东豪美新材股份有限公司技术中心	清远	广东豪美新材股份有限公司
34	国家级企业技术中心	广东先导稀材股份有限公司技术中心	清远	广东先导稀材股份有限公司
35	国家级企业技术中心	广东佳纳能源科技有限公司技术中心	清远	广东佳纳能源科技有限公司

附录1-3 先进材料产业集群产业布局

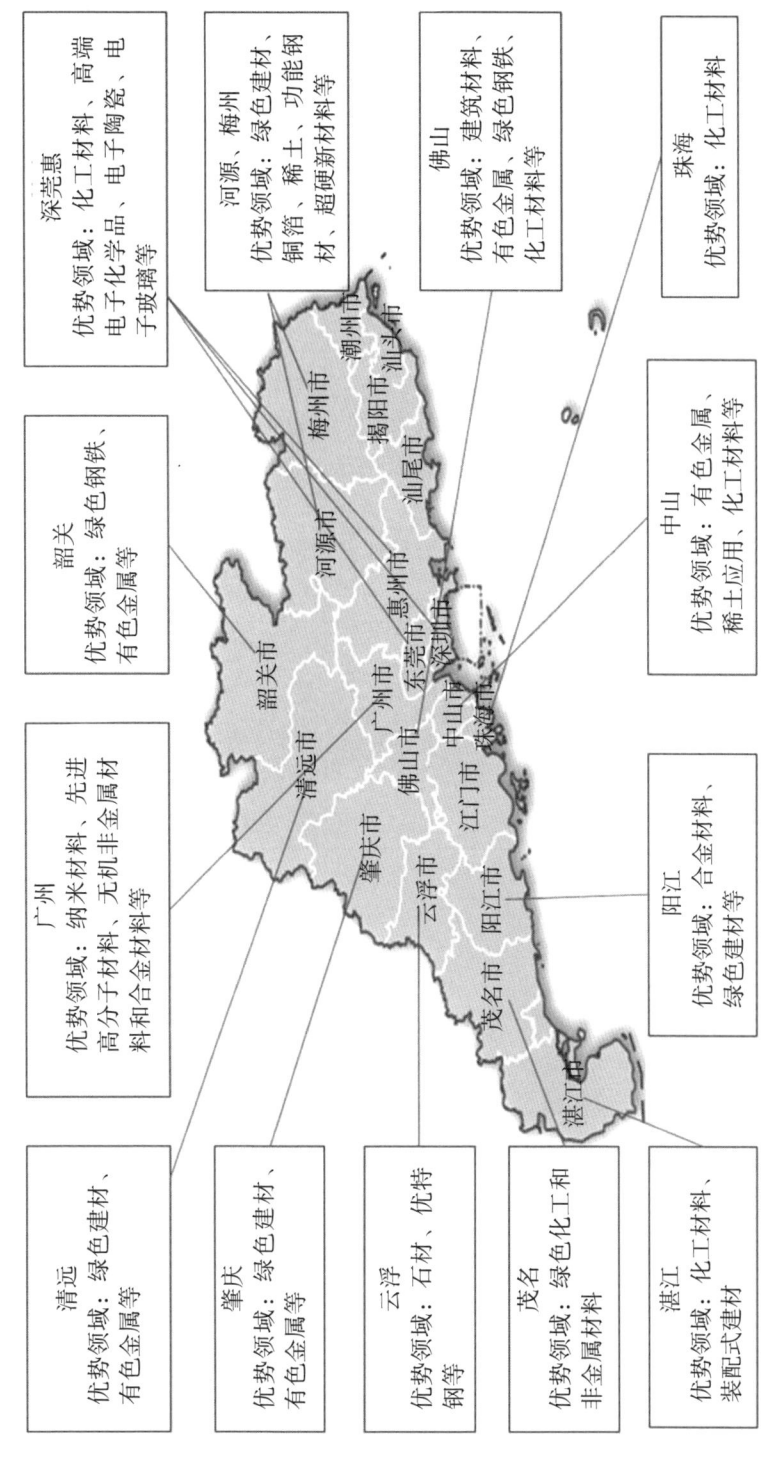

附录 2-1

前沿新材料产业集群重点企业

序号	企业名称	所在地区	是否上市公司	主营产品	企业简介	企业类型
1	金发科技股份有限公司	广州	是	高性能纤维、低维及纳米材料、新型复合材料	金发科技股份有限公司成立于1993年,主要从事改性塑料、完全生物降解塑料、高性能碳纤维及复合材料、特种工程塑料和环保高性能再生塑料等五大类产品的研发、生产、销售	国家级技术创新示范企业
2	深圳新宙邦科技股份有限公司	深圳	是	电子新材料及电子化学品、新能源材料	深圳新宙邦科技股份有限公司成立于1996年,主要从事锂电池化学品、电容器化学品、有机氟化学品和半导体化学品的研发、生产与销售	制造业单项冠军产品企业
3	西陇科学股份有限公司	汕头	是	电子新材料及电子化学	西陇科学股份有限公司成立于1983年,主要从事化学试剂(包括通用化学试剂、PCB用化学试剂、超净高纯化学试剂、湿电子化学品)、诊断试剂、原料药及食品添加剂的研发、生产和销售	专精特新企业
4	广东生益科技股份有限公司	东莞	是	电子新材料及电子化学品	广东生益科技股份有限公司成立于1985年,主要从事覆铜板、半固化片、绝缘层压板、金属基覆铜箔板、涂树脂铜箔、覆盖膜类等高端电子材料的研发、生产、销售	制造业单项冠军产品企业

续上表

序号	企业名称	所在地区	是否上市公司	主营产品	企业简介	企业类型
5	潮州三环（集团）股份有限公司	潮州	是	电子新材料及电子化学品、新能源材料	潮州三环（集团）股份有限公司成立于1970年，主要从事电子基础材料、电子元件、通信器件等产品的研发、生产、销售	制造业单项冠军产品企业
6	广州天赐高新材料股份有限公司	广州	是	电子新材料及电子化学品、新能源材料	广州天赐高新材料股份有限公司成立于2000年，主要从事锂离子电池材料、日化材料及特种化学品两大领域	制造业单项冠军产品企业
7	广东豪美新材股份有限公司	清远	是	先进金属材料	广东豪美新材股份有限公司成立于2004年，主要从事大型铝型材的熔铸、模具设计与制造、挤压、喷涂、深加工	国家高新技术企业
8	欣旺达电子股份有限公司	深圳	是	新能源材料	欣旺达电子股份有限公司成立于1997年，主要从事锂电池电芯及模组研发、设计、生产及销售	制造业单项冠军产品企业
9	广东先导稀材股份有限公司	清远	否	电子新材料及电子化学品	广东先导稀材股份有限公司成立于2003年，主要从事稀有金属及其高端材料研发、生产、销售和回收服务	独角兽企业
10	深圳市德方纳米科技股份有限公司	深圳	是	电子新材料及电子化学品	深圳市德方纳米科技股份有限公司成立于2007年，主要从事纳米材料开发及产业化，包括纳米磷酸铁锂、碳纳米管导电液及碳纳米管等产业的研发、生产、销售	国家级专精特新"小巨人"企业、国家级冠军企业

续上表

序号	企业名称	所在地区	是否上市公司	主营产品	企业简介	企业类型
11	广东光华科技股份有限公司	汕头	是	电子新材料及电子化学品	广东光华科技股份有限公司成立于1980年，主要从事高性能电子化学品、高品质化学试剂与产线专用化学品、新能源材料的研发、生产、销售	专精特新企业
12	广东欧莱高新材料股份有限公司	韶关	否	电子新材料及电子化学品、先进金属材料	广东欧莱高新材料股份有限公司成立于2010年，主要从事靶材、高性能薄膜新材料的研发、生产、销售	国家级专精特新"小巨人"企业
13	广东嘉元科技股份有限公司	梅州	是	电子新材料及电子化学品、新能源材料	广东嘉元科技股份有限公司成立于2001年，主要从事7~12微米各类高性能电解铜箔的研究、制造和销售	专精特新企业
14	东莞宜安科技股份有限公司	东莞	是	先进金属材料	东莞宜安科技股份有限公司成立于1993年，主要从事轻合金材料、液态金属、生物可降解医用镁合金、镁铝合金的研发、生产、销售	国家高新技术企业
15	广东风华高新科技股份有限公司	肇庆	是	电子新材料及电子化学品	广东风华高新科技股份有限公司成立于1984年，主要从事高端新型元器件、电子材料、电子专用设备等电子信息基础产品的研发、生产、销售	制造业单项冠军产品企业
16	广州迈普再生医学科技股份有限公司	广州	是	生物医用材料	广州迈普再生医学科技有限公司成立于2008年，主要从事纳米仿生材料、生物打印技术材料、干细胞材料的研发、生产、销售	瞪羚企业

续上表

序号	企业名称	所在地区	是否上市公司	主营产品	企业简介	企业类型
17	威凯检测技术有限公司	广州	否	材料基因工程及材料创新服务	威凯检测技术有限公司成立于1958年，主要从事产品认证、管理体系认证、产品检测、计量校准、验货、培训等技术服务	瞪羚企业
18	深圳市贝特瑞纳米科技有限公司	深圳	否	新能源材料	深圳市贝特瑞纳米科技有限公司成立于2009年，主要从事纳米制备设备的开发、锂离子电池材料、钛酸锂及碳纳米材料的研发、生产和销售	国家高新技术企业
19	深圳市容大感光科技股份有限公司	深圳	是	电子新材料及电子化学品	深圳市容大感光科技股份有限公司成立于1996年，主要从事PCB油墨及其他感光化学品的研发、生产、销售	国家级专精特新"小巨人"企业
20	广东省富远稀土有限公司	梅州	否	先进金属材料	广东富远稀土新材料股份有限公司成立于2002年，主要从事稀土分离冶炼开发，混合稀土、稀土氧化物、稀土金属化工原材料等的研发、生产、销售	国家高新技术企业

附录 2-2

前沿新材料产业集群重点创新资源

表1 国家级技术创新中心与制造业创新中心

序号	单位名称	依托单位	所在地市	成立时间
1	国家第三代半导体技术创新中心	中国电子科技集团有限公司	深圳	2021年
2	国家新型显示技术创新中心	广东聚华新型显示研究院	广州	2021年
3	国家印刷及柔性显示创新中心	广东聚华印刷显示技术有限公司	广州	2018年
4	国家5G中高频器件创新中心	深圳市汇芯通信技术有限公司	深圳	2021年

表2 材料领域省实验室

序号	单位名称	依托单位	所在地市	成立时间
1	松山湖材料实验室	中科院物理所	东莞	2017年
2	季华实验室	中科院长春光机所	佛山	2017年
3	化学与精细化工广东省实验室	汕头大学	汕头	2018年

表3 全国重点（工程）实验室和工程（技术）研究中心

序号	实验室名称	依托单位	所在地市	成立时间
1	光电材料与技术国家重点实验室	中山大学	广州	1984年
2	半导体照明材料及器件国家地方联合工程实验室（共建）	中山大学	广州	2011年
3	AMOLED工艺技术国家工程实验室（共建）	中山大学	广州	2017年
4	制浆造纸工程国家重点实验室	华南理工大学	广州	1991年
5	发光材料与器件国家重点实验室	华南理工大学	广州	2011年

续上表

序号	实验室名称	依托单位	所在地市	成立时间
6	聚合物新型成型装备国家工程研究中心	华南理工大学	广州	1998 年
7	造纸与污染控制国家工程研究中心	华南理工大学	广州	1996 年
8	国家金属材料近净成形工程技术研究中心	华南理工大学	广州	2009 年
9	国家人体组织功能重建工程技术研究中心	华南理工大学	广州	2009 年
10	高性能金属耐磨材料技术国家地方联合工程研究中心	暨南大学	广州	2016 年
11	现代材料表面工程技术国家工程实验室	广东省科学院	广州	2014 年
12	稀有金属分离与综合利用国家重点实验室	广东省科学院	广州	2010 年
13	国家钛及稀有金属粉末冶金工程技术研究中心	广东省科学院	广州	1994 年
14	国家医疗保健器具工程技术研究中心	广东省医疗器械研究所	广州	1996 年
15	超材料电磁调制技术国家重点实验室	深圳光启高等理工研究院	深圳	2011 年
16	工业产品环境适应性国家重点实验室	中国电器科学研究院有限公司	广州	2009 年
17	新型电子元器件关键材料与工艺国家重点实验室	广东风华高新科技股份有限公司	肇庆	2015 年
18	再生型医用植入器械国家工程实验室	冠昊生物科技股份有限公司	广州	2016 年
19	废旧塑料资源高效开发及高质利用国家重点实验室	金发科技股份有限公司	广州	2015 年
20	塑料改性与加工国家工程实验室	金发科技股份有限公司	广州	2008 年

附录 2-3 前沿新材料产业集群重点产业及龙头重点企业

先进金属材料
（2021年营业收入105.7亿元）
重点地市：东莞、佛山、韶关、清远、汕头等
重点企业：广东韶钢、宜安科技、先导薄膜、新星轻合金、拓普金属、豪美新材等

增材制造材料
（2021年营业收入4.6亿元）
重点地市：广州、深圳、珠海、中山等
重点企业：银禧科技、天威新材料、迈普再生医学科技、赛隆增材制造

新能源材料
（2021年营业收入183.2亿元）
重点地市：江门、云浮、梅州等
重点企业：嘉元科技、优美科技长信新材料、芳源新能源

新型半导体材料
（2021年营业收入22.4亿元）
重点地市：广州、深圳、东莞、清远等
重点企业：海思半导体、先导稀材、天域半导体、英诺赛科、粤芯半导体

电子新材料及电子化学品
（2021年营业收入197.9亿元）
重点地市：广州、深圳、东莞、佛山、韶关、汕尾等
重点企业：朝阳三环、生益科技、华特气体、西陇科学、贝斯特科技、众和呈驰、欧莱高新材料等

新型复合材料
（2021年营业收入673亿元）
重点地市：广州、东莞、韶关等
重点企业：飞胜新材料、金发科技、银禧科技

材料基因及创新服务
（2021年营业收入66.6亿元）
重点地市：广州、东莞等
重点企业：广东腐蚀科学技术创新研究院、电子五所、广东省工业分析检测中心

智能、仿生与超材料
（2021年营业收入19.0亿元）
重点地市：深圳、珠海等
重点企业：珠海光驭科技、深圳光启超材料、深圳光启尖端科技